Les 50 plus beaux itinéraires autour du monde

Voyagez en toutes saisons!

ULYSSE

Direction éditoriale : Claude Morneau
Direction de projet (Uniktour) : Philippe Bergeron
Coordination de projet (Uniktour) : Emilie Marcil
Recherche et rédaction : Anne Bécel
Conception graphique et mise en page : Pascal Biet
Collaboration à l'édition : Pierre Ledoux
Adjointe à l'édition : Annie Gilbert
Cartographie : Philippe Thomas
Recherche iconographique : Julie Brodeur
Correction : Pierre Daveluy, Marie-Josée Guy

Photographies : *page couverture* © Alamy/Peter Schickert, © PhotoDisc, © Dreamstime.com/Djembe, © Shutterstock.com/Andreas G. Karelias, © Shutterstock.com/Gautier Willaumec, © Dreamstime.com/Melissa Schalkec, © Dreamstime.com/Dennis Richardson ; *pages intérieures* voir page 205.

Remerciements :

Nous remercions les personnes suivantes, qui ont contribué à la création des itinéraires proposés dans ce livre : Ariane Arpin Delorme, Annie Durand, Caroline Giroux, Evelyne Théberge, François Archambault Lafond, Grégory Bringand-Dedrumel, Carole Gobeil, Cinzia Trotto, Christelle Blaquière, Steve Corriveau, Mélissa Schmitt, Nayla Mze Ali et Stéphane Colliège.

Merci également à tous les collaborateurs outre-mer d'Uniktour.

Guides de voyage Ulysse reconnaît l'aide financière du gouvernement du Canada par l'entremise du Programme d'aide au développement de l'industrie de l'édition (PADIÉ) pour ses activités d'édition.

Guides de voyage Ulysse tient également à remercier le gouvernement du Québec – Programme de crédit d'impôt pour l'édition de livres – Gestion SODEC.

Guides de voyage Ulysse est membre de l'Association nationale des éditeurs de livres.

Catalogage avant publication de Bibliothèque et Archives nationales du Québec et Bibliothèque et Archives Canada

Vedette principale au titre :

Les 50 plus beaux itinéraires autour du monde
(Art de vivre Ulysse)
Comprend un index.
ISBN 978-2-89464-425-6
1. Voyages - Guides. 2. Voyages autour du monde - Ouvrages illustrés. I. Titre: Cinquante plus beaux itinéraires autour du monde.

G153.4.C56 2011 910.2'02 C2011-942107-0

Bibliothèque et Archives nationales du Québec
Dépôt légal – Premier trimestre 2012
ISBN 978-2-89464-425-6 (version imprimée)
ISBN 978-2-89665-044-6 (version numérique PDF)
Imprimé au Canada

Les itinéraires

Parc Serengeti, Tanzanie

Préface

Voyager sur tous les continents quand bon nous semble… Sélectionner sa destination en fonction des saisons… Parcourir villes, villages, forêts et montagnes… Aller à la rencontre de peuples fascinants…

Mode de vie pour quelques-uns, expériences occasionnelles pour certains, plans lointains pour de nombreux autres, rêve inatteignable pour de trop nombreux autres encore…

Pourtant, partir à la découverte du monde n'a plus rien d'inaccessible de nos jours. Oui, l'évasion est une chose possible… pour tous. Le démontrer est d'ailleurs l'un des buts de ce livre. Il suffit en fait d'oser, de prendre la décision de partir, et le tour est joué.

Et comme tout commence toujours par une inspiration, l'objectif des pages qui suivent est de vous en donner l'impulsion nécessaire. Elles vous réservent 50 idées de voyages, 50 circuits extraordinaires remplis de moments de grâce, bref, 50 itinéraires de rêve… réalisables. Car les périples qui vous sont proposés ici, bien que fabuleux, ont déjà été entrepris et appréciés par de très nombreux voyageurs… Alors, pourquoi pas vous ?

Afin de créer cet ouvrage, nous avons fait appel aux conseillers de l'agence Uniktour, spécialisée dans la conception de voyages exotiques sur mesure. Le savoir-faire de ces professionnels, eux-mêmes de grands voyageurs épris d'aventure, a ainsi été mis à contribution dans l'élaboration des itinéraires figurant dans ce livre. Chacun de ces circuits a été construit et expérimenté par l'un d'eux, et tous ont été imaginés et élaborés de sorte qu'ils soient accessibles à tout voyageur. Chaque itinéraire fait une grande place aux coups de cœur personnels de son concepteur, aborde l'aventure en fonction d'une thématique particulière et est classé dans le mois de l'année au cours duquel il est le plus agréable de le parcourir.

Est-ce que les 50 itinéraires proposés dans cet ouvrage sont vraiment les plus beaux au monde ? Voilà une question qui, inévitablement, suscitera quelques débats… et c'est tant mieux ! Cela ne fera que démontrer, comme s'il était encore nécessaire de le faire, que le monde est vaste, que les possibilités de voyage sont infinies. Quel voyageur irait s'en plaindre ?

Jaisalmer, Inde

janvier

01 Tanzanie

La grande migration

de Arusha **à** la vallée du Rift **nombre de jours** 8

Inoubliable...

- *Photographier les millions de gnous à travers les plaines.*
- *Rencontrer les peuples Chaga, Makondé et Masaï.*
- *Passer les soirées au coin du feu crépitant dans la savane.*
- *Observer les lions, hippopotames, girafes et éléphants dans leur milieu naturel.*

La grande migration d'Afrique de l'Est répond à un rythme immuable. Chaque année, des millions de gnous, de zèbres et d'autres herbivores parcourent les grandes plaines entre le Kenya et la Tanzanie, à la recherche de nouveaux pâturages. Ils sont si nombreux qu'ils forment un défilé long parfois de plus de 40 km. On les entend venir de loin. Ils font vibrer la terre en s'élançant à toute allure à travers la savane. Cet itinéraire propose de partir à la découverte de cette migration spectaculaire. Il invite aussi à prendre le temps d'observer les autres animaux vivant dans la région : lions, girafes, éléphants... Enfin, l'un des moments les plus marquants sera sans conteste la rencontre avec les ethnies Chaga, Makondé et Masaï qui habitent ce territoire depuis toujours.

➤ Pourquoi en *janvier* ?

De décembre à janvier, le visiteur profite de la saison sèche (climat chaud et agréable). En janvier, on peut aussi observer la grande migration des zèbres et des gnous dans le sud du parc Serengeti, sans conteste l'un des plus beaux endroits du pays. Et puis… c'est en janvier que les petits zèbres voient le jour.

Femme masaï

Itinéraire

jour 1

➤ Arusha – Parc Manyara

Route vers le Manyara à travers les belles terres masaïs. À l'entrée du parc, il arrive parfois qu'on aperçoive des lions se reposant au loin entre les acacias. Au cœur du parc, les abords du lac Manyara attirent les buffles, les girafes et de nombreux éléphants. Plus de 400 espèces d'oiseaux vivent ici, dont une importante colonie de flamants roses.

jours 2 à 6

➤ Parc Serengeti

Départ tôt le matin pour le Serengeti, l'une des plus célèbres réserves animalières du monde. Le parcours est jalonné de splendides paysages. Un séjour de plusieurs journées de safari dans ces immensités permet une meilleure exploration, en repérant le territoire de nombreux félins pour mieux les observer, en suivant au plus près les troupeaux de gnous et de zèbres… D'ordinaire, la migration se concentre dans la partie sud du parc en janvier, dans la région de Ngorongoro.

Le peuple Masaï

Les Masaïs sont connus à travers le monde entier pour leurs tuniques de couleur rouge, leurs cheveux enduits d'ocre et leurs lances et boucliers arborés fièrement. Ils font la couverture des magazines de voyage, mais peu de gens connaissent toute la complexité de leur culture.

Leurs rites de passage répondent à des règles précises. Le jeune garçon sera initié par un ancien qui lui apprendra les plantes, les animaux, l'histoire de son peuple… Le rituel de circoncision marque définitivement le passage de l'enfance au statut de guerrier. De nombreuses légendes sont racontées aux touristes au sujet de cette initiation. Il est dit par exemple qu'il faut avoir tué un lion pour la mériter. S'il leur arrive parfois de se mesurer au légendaire félin, très rares sont les Masaïs qui y parviennent à l'âge précoce de l'initiation. Lors de votre rencontre avec eux, privilégiez le moment vécu et ne sortez pas immédiatement votre appareil photo !

Tanzanie

Le peuple Makondé

Contrairement aux Chagas, qui ont fait le choix de s'intégrer au développement économique du pays en devenant commerçants, entrepreneurs ou responsables d'activités touristiques, les Makondés, eux, ont privilégié leurs traditions à l'écart du monde moderne. Ils sont reconnus comme étant de fantastiques sculpteurs sur bois. La société makondé est matriarcale et perpétue les rituels de passage à l'âge adulte.

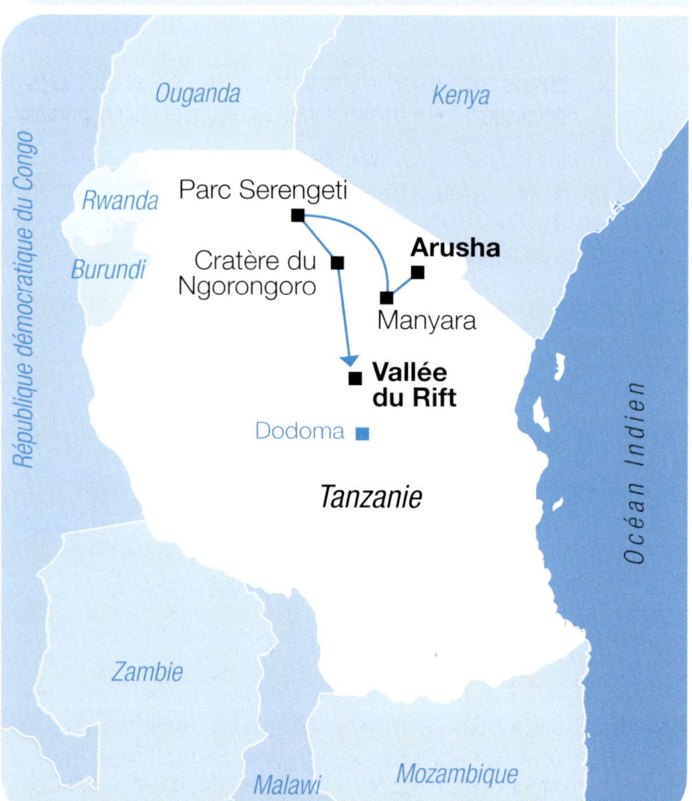

Pour vivre cette expérience au plus près de la nature, le mieux est de dormir sous la tente et de goûter au charme d'un camp de brousse de luxe ! La mobilité des installations rend possible l'accompagnement des animaux dans leurs déplacements. La vie au grand air dans la savane permet de savourer chaque moment : les soirées au coin du feu crépitant sous les étoiles, les cris nocturnes des animaux, les levers de soleil flamboyants à l'heure où toute la faune se réveille …

jour **7**

➤ Cratère du Ngorongoro

Le cœur du volcan Ngorongoro abrite un sanctuaire naturel unique au monde. Après l'effondrement du centre du volcan, une caldera s'est formée en son sein et de nombreux animaux sauvages y ont élu domicile. Profitez-en pour faire un pique-nique devant la mare aux hippopotames.

jour **8**

➤ Vallée du Rift

Journée particulière, et sans doute très marquante ! Départ pour un village de la vallée du Rift qui s'est développé dans les années 1950 à la suite de l'irrigation de la région. De nombreuses ethnies vivent ici en bonne harmonie (Sandawé,

Gazelles, parc Serengeti

Chaga, Makondé…), chacune avec ses propres coutumes. La balade, très facile, commence par la traversée du village, les champs cultivés et les bananeraies, puis se termine sur la colline de Ballaa, qui embrasse le paysage verdoyant de la vallée. Un guide, natif du village, est là pour permettre la rencontre avec les Chagas (excellents fabricants de bière), les Makondés (dotés d'un sens artistique inouï pour sculpter le bois) et les Masaïs (fiers guerriers de la savane). Les revenus de cette visite sont reversés à une ONG et utilisés pour développer les infrastructures du village et l'école primaire.

Si vous souhaitez prolonger le voyage, sachez que le mois de janvier est également la meilleure période pour profiter de la côte du pays et de la mythique île de Zanzibar, située à quelques kilomètres au large.

La Tanzanie à la carte

République unie de Tanzanie

Capitale Dodoma

Langues officielles Anglais et swahili

Autres langues Nombreux dialectes

Religions Catholicisme (un tiers de la population), islam (un autre tiers), animisme (un dernier tiers)

Étiquette Évitez les shorts, les débardeurs et autres vêtements décolletés.

Un plat *Nyama choma* accompagné d'*ugali*: viande grillée servie avec de la purée de maïs.

Un artiste Siti bint Saad (env. 1880-1950) fut la première à faire connaître la musique taarab hors des frontières du pays. Dans un pays encore largement régi par les hommes, elle fut une pionnière.

02 Guatemala

Pourquoi en janvier?
Entre décembre et avril, la saison sèche rend la découverte du pays des plus agréables.

Tikal

Culture maya d'hier et d'aujourd'hui

de Antigua **à** Tikal **nombre de jours** 12

Inoubliable...

- *Explorer les sites mayas enfouis dans la jungle.*
- *Partager la richesse de la culture maya actuelle.*
- *Remonter un fleuve en pirogue à moteur.*
- *Découvrir la quiétude des Caraïbes auprès des Garífunas.*

Entre hautes terres et jungle luxuriante, laissez-vous séduire par les rencontres avec le peuple maya. Sur les rives du lac Atitlán, faites connaissance avec la communauté tzutuhil. Au marché de Chichicastenango, rencontrez les Quichés. Ce pays est une mosaïque d'ethnies! Découvrez également l'héritage maya d'hier, les vestiges des cités perdues et les centres cérémoniels, des lieux de pouvoir, de commerce et de résidence. La plus célèbre de ces cités est la magnifique Tikal, dans le nord du pays, impressionnante pour ses alignements de temples. C'est, à n'en pas douter, l'un des endroits les plus fascinants d'Amérique centrale.

Itinéraire

jour 1

➤ Antigua

Classée au patrimoine mondial de l'UNESCO, la ville d'Antigua charme du premier coup grâce à ses patios fleuris, ses ruines romantiques et ses demeures coloniales du XVIIe siècle. Prenez le temps de visiter, entre autres lieux, l'église de la Merced, le couvent des Capuchinas et le musée de l'hôtel Casa Santo Domingo.

jour 2

➤ Iximché

Route vers les ruines mayas d'Iximché, où se pratiquent toujours les rites ancestraux par les descendants des Mayas. Prenez place autour du feu sacré et écoutez attentivement le prêtre traditionnel vous raconter l'histoire des rites et de la cosmogonie de son peuple. Il ne s'agit pas d'un attrape-touristes, mais d'une vraie chance de partager un moment fort autour de la culture maya !

Une mosaïque d'ethnies mayas

Au Guatemala, près de la moitié de la population est d'origine maya. L'autre moitié se compose de Latinos, descendants des colons espagnols. Il y a quelques mariages mixtes, mais ils sont encore peu fréquents, la discrimination à l'égard des Mayas étant toujours très marquée.

Les Mayas se divisent en groupes et sous-groupes assez complexes : Quiché, Cakchikel, Tzutuhil, Uspanteco... On en recense une vingtaine en tout, chacun avec son propre dialecte, son propre artisanat et son propre costume. Il arrive même qu'à quelques kilomètres près, deux personnes de deux groupes différents soient incapables de communiquer entre elles si elles ne maîtrisent pas l'espagnol, la langue qui fait le lien.

La guerre civile a fait rage dans le pays pendant plus de 30 ans et a profondément meurtri les communautés mayas. Elles ont pourtant su conserver leur héritage et leurs traditions spirituelles très fortes.

Guatemala

jour 3

➤ Panajachel – Lac Atitlán

Faites route ensuite vers Panajachel, un gros village sur le bord du magnifique lac Atitlán, bordé de trois volcans. En petit bateau à moteur, promenez-vous sur le lac et visitez les villages indigènes de Santa Catarina Palopo, Santiago Atitlán et San Juan La Laguna. Ce dernier village est l'occasion de découvrir les activités artisanales et culturelles des membres de la communauté tzutuhil.

jours 4 et 5

➤ Chichicastenango

Route vers Chichicastenango, village haut perché où se retrouvent de nombreuses ethnies à l'occasion du marché, sans doute le plus célèbre d'Amérique centrale. Après avoir passé la nuit dans le village, vous êtes fin prêt de bon matin pour profiter du marché avant l'arrivée des cars de touristes. Découvrez aussi le cimetière – un important site de cérémonies mayas –, l'église et son culte syncrétique, sans oublier les sentiers de montagne dans les alentours, pour aller voir la figure de Pascual Abaj, un personnage de pierre à qui les villageois rendent hommage.

jour 6

➤ Copán (Honduras)

Départ pour Copán, au Honduras. Avant votre arrivée en territoire hondurien, vous traverserez des paysages arides, sur les terres des Chortís, une ethnie isolée. Le contraste avec les hautes terres est frappant: les Chortís sont souvent grands, avec la peau et les yeux plus clairs! Installation dans le beau village de Copán.

À proximité, le site archéologique maya du même nom est l'un des vestiges majeurs d'Amérique centrale. Vous pouvez emprunter des tunnels pour vous rendre sous les temples, grimper le remarquable escalier du Jaguar sculpté de hiéroglyphes et admirer les stèles du groupe principal, en pleine jungle tropicale.

jour 7

➤ Quiriguá – Río Dulce – Livingston

Retour au Guatemala. En chemin, découvrez le site maya de Quiriguá, qui présente les plus grandes et les plus belles stèles du monde maya. Vous rejoindrez ensuite Río Dulce, un petit village situé à l'embouchure du fleuve du même nom, sur la côte caraïbe guatémaltèque. De là, en *lancha* (petit bateau à moteur), poursuivez jusqu'à Livingston, un village garifuna situé à l'embouchure du *río*. Ambiance caribéenne garantie!

jour 8

➤ Livingston – Plan Grande Quehueche

Partez pour une randonnée de deux à trois heures à travers la forêt tropicale pour rejoindre la communauté garifuna de Plan Grande Quehueche. Les habitants se feront un plaisir de vous faire découvrir leur grotte sacrée, leurs cérémonies, leur artisanat et leur mode de vie paisible. Prolongez l'immersion en passant la nuit sur place et en mangeant chez l'habitant.

Copán (Honduras)

Les Garífunas

Les Garífunas seraient les descendants de rescapés d'un naufrage au large de la côte, il y a plusieurs siècles. Ces Noirs venus d'Afrique étaient amenés ici pour devenir esclaves. Après le naufrage, ils se seraient sauvés et installés sur les côtes du Guatemala et du Honduras. Leur *punta*, qui mêle danse et chant, a été classée par l'UNESCO comme «chef-d'œuvre de l'héritage oral et intangible de l'humanité». C'est un savant mélange de danses endiablées, de percussions sur des carapaces de tortues et de cuivres à base de gros coquillages.

jour 9

➤ Río Dulce – Nuevo Horizonte

Tôt le matin, départ en *lancha* pour la remontée du Río Dulce, au fil de ses trésors cachés (oiseaux, flore, mangrove, sources d'eau chaude, etc.). Puis faites route jusqu'à la communauté de Nuevo Horizonte (non loin de Flores). Ce village regroupe d'anciens guérilleros du conflit armé interne au Guatemala. Une histoire singulière et l'expérience d'échanges enrichissants!

jour 10

➤ Nuevo Horizonte – Flores

Nuevo Horizonte a beaucoup à offrir. Poursuivez la découverte de cette communauté par une randonnée dans la jungle jusqu'à leur projet de reforestation. Puis partez découvrir la charmante petite ville de Flores, entourée par les eaux du lac Petén Itzá.

Antigua

jour 11

➤ Yaxha

Visite du site maya de Yaxha, le troisième site classique maya en importance du pays. Situé sur la rive du lac Yaxha, en pleine jungle du Petén, Yaxha dévoile d'abord ses allées de pierre aux visiteurs. En les arpentant, on perce un peu mieux les mystères de ce site d'exception. L'Acropole, l'une des premières ruines à avoir été découvertes, est la pyramide jumelle de la grande pyramide de Tikal.

jour 12

➤ Tikal

Visite du site de Tikal, le plus spectaculaire du monde maya ! Une balade de plus de 4h au milieu de la jungle pour découvrir non seulement les pyramides mayas, mais aussi une faune et une flore tropicales des plus riches.

Le Guatemala à la carte

République du Guatemala

Capitale Ciudad de Guatemala

Langue officielle Espagnol

Religion Catholicisme (majorité de la population)

Étiquette Évitez de prendre les gens en photos. Certains craignent de se voir ainsi prendre leur âme.

Un plat *Tamales*: petits chaussons de pâte fourrés aux légumes ou à la viande.

Un artiste Le poète Humberto Ak'abal, de l'ethnie Quiché, a notamment écrit *Le gardien de la chute d'eau*.

03 Inde

Retraite de yoga au Tamil Nadu

de Pondichéry **à** Mahabalipuram **nombre de jours** 17

Inoubliable...

- *Pratiquer le yoga au lever du soleil.*
- *Découvrir les temples de Tiruvannamalai et de Chidambaram.*
- *Profiter des plages sauvages de l'océan Indien.*

Au sud de l'Inde, la région du Tamil Nadu a vu naître les premières pratiques de yoga et d'ayurvéda (médecine traditionnelle). Dans ce paysage spirituel et tropical, partez à la découverte d'un lieu hors du commun. L'ashram d'Auroville accueille les visiteurs en quête de sens et de détente, en immersion en terre indienne. Aux alentours, plusieurs villes méritent la visite pour leurs splendides temples dédiés à Shiva (seigneur du yoga dans la tradition indienne) : Tanjore, Chidambaram, Tiruvannamalai, Kanchipuram…

Pourquoi en janvier?

Le climat y est doux, moins chaud et moins humide que durant le reste de l'année. C'est aussi autour du 15 janvier que se tiennent les festivités du Nouvel An. Durant trois jours, dans les villages, on remercie les dieux et les vaches. Enfin, le festival de danse classique indienne a lieu chaque mois de janvier dans la ville côtière de Mahabalipuram.

Temple du Rivage, Mahabalipuram

Itinéraire

jour 1 ➤ Pondichéry

Au sud-est de l'Inde, la ville de Pondichéry s'étire le long de l'océan Indien. Profitez-en pour vous promener le long de la plage, après avoir découvert le temple de Ganesh et les maisons coloniales qui donnent toute son atmosphère à la ville. L'empreinte française est fortement présente ici.

jours 2 à 6 ➤ Auroville

Juste à quelques pas de Pondichéry, Auroville, ou la Ville de l'Aurore, a été créée par Mirra Alfassa et le philosophe indien Sri Aurobindo. Il s'agit d'une ville expérimentale qui se veut « le lieu d'une vie communautaire universelle, où hommes et femmes apprendraient à vivre en paix, dans une parfaite harmonie, au-delà de toutes croyances, opinions politiques et nationalités ». Le projet est soutenu depuis le début par l'UNESCO. Lors de son inauguration en 1968, des représentants de 125 États sont venus jeter une poignée de terre de leur sol natal en guise de fraternité universelle. Aujourd'hui, plusieurs dizaines d'années plus tard, Auroville

Yoga et ayurvéda

Yoga et ayurvéda (science de la vie) tirent leurs origines d'un système philosophique et cosmologique commun issu du *Veda* (texte ancien de l'Inde). L'ayurvéda est un art de vivre, une façon d'être en harmonie avec la nature.

Cette approche met plus l'accent sur la prévention que sur le traitement des maladies, sans pour autant négliger les différentes méthodes de soins. En apprenant à mieux connaître votre constitution physique et psychique, au regard de l'ayurvéda, il devient alors possible d'adapter votre pratique du yoga, et ce, dans une approche personnalisée.

Tiruvannamalai

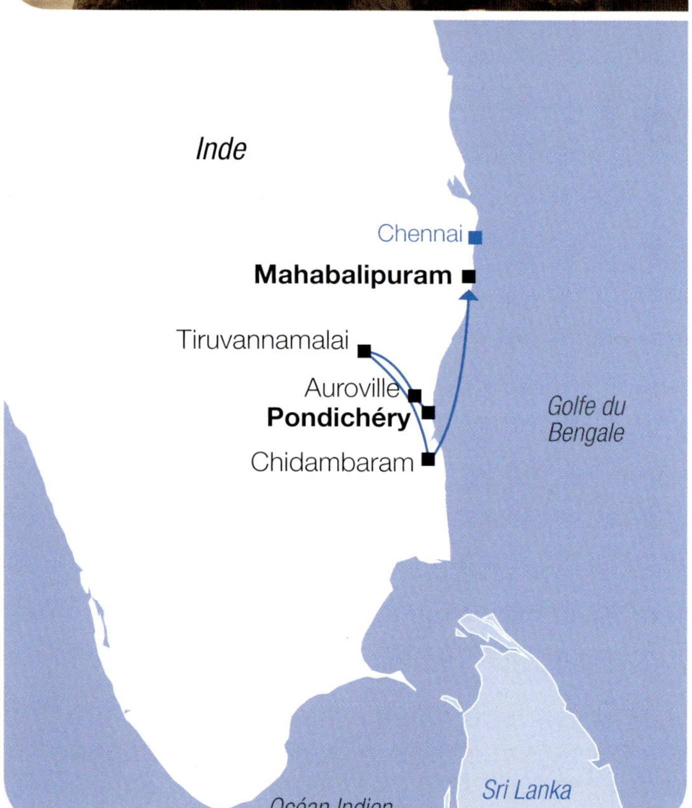

se concentre sur ses activités de reboisement et d'agriculture alternative. Si votre curiosité est éveillée, vous pourrez donc y passer une semaine, pour une retraite de yoga, et en apprendre plus sur les projets écologiques et de développement durable. On peut se déplacer à vélo à travers les sentiers.

jours 7 et 8

› Tiruvannamalai

La petite ville de Tiruvannamalai ne fait pas partie des grands itinéraires touristiques. Elle abrite pourtant l'un des temples les plus impressionnants de la région. Le spectacle est saisissant aux premières heures du jour, lorsque les Indiens viennent déposer leurs offrandes de fleurs et que sonnent les cloches et résonnent les tambours.

jours 9 à 14

› Auroville

Si une seule semaine de yoga n'est pas suffisante pour vous, enchaînez avec une seconde. Au programme : yoga en matinée puis temps libre, relaxation et plage en après-midi, avant de refaire un peu de yoga en fin d'après-midi. Il est aussi possible de visiter les petits villages alentour à vélo ou à moto.

jour 15

➤ Chidambaram

La ville sainte de Chidambaram est l'un des joyaux de la région. Son immense temple principal est dédié à Nataraja, le Shiva danseur. Au cœur du sanctuaire qui lui est consacré, la fameuse sculpture en bronze le symbolisant en pleine danse cosmique est une véritable œuvre d'art. La danse de Nataraja est baptisée *Ananda Tandava* (« danse bienheureuse »).

jours 16 et 17

➤ Mahabalipuram

Yoga en matinée, puis rendez-vous à Mahabalipuram dont le site archéologique, classé au patrimoine mondial de l'UNESCO, est l'un des plus imposants du pays. Sous la dynastie Pallava, la ville était une cité prospère où accostaient de nombreux navires en provenance de Ceylan, Java et toute la région. Son temple du Rivage en témoigne. La ville accueille aussi le festival de danse classique indienne, une pure merveille pour les sens !

L'Inde à la carte

République de l'Inde

Capitale New Delhi

Langues officielles Hindi et anglais, et une vingtaine d'autres langues

Religion Hindouisme (environ 80% de la population)

Étiquette Lorsque vous vous adressez à un Indien, favorisez les questions ouvertes. Par fierté, ils ne répondront jamais qu'ils ne connaissent pas la réponse et ne diront jamais non.

Un plat Un *tandoori* (viande braisée avec une sauce au yaourt).

Une personnalité Sri Aurobindo, libre penseur, yogi et révolutionnaire, a créé l'ashram d'Auroville.

04 Antarctique

➤ Pourquoi en janvier?

La fin du mois de janvier est idéale pour observer les bébés manchots. De plus, les icebergs se détachent et créent d'immenses îles flottantes. L'observation des baleines est également plus facile, car l'océan est plus riche en nourriture à cette période en particulier.

Sur les pas des grands explorateurs des pôles

de Ushuaia (Argentine) **à** Paradise Harbour ou Hope Bay **nombre de jours** 18

Inoubliable...

- *Fouler le continent Antarctique.*
- *Observer des manchots par milliers.*
- *Naviguer entre les icebergs en croisant baleines et albatros.*
- *Marcher dans les pas des premiers grands explorateurs des pôles.*

Icebergs gigantesques, chaînes de montagnes et volcans majestueux, un paysage polaire à la beauté naturelle et sauvage, où sérénité et danger se côtoient: c'est ce qui vous attend lors de ce voyage vers la péninsule Antarctique. Au départ d'Ushuaia, embarquez pour un périple des plus magiques en direction du cercle antarctique. Sur votre route, vous croiserez baleines à bosse, albatros, phoques, oiseaux marins, oiseaux migrateurs et manchots de toutes sortes. Et retenez votre souffle en passant le mythique cap Horn, pointe des Amériques que tant de légendes ont peuplée. Un voyage merveilleux, hors du temps et de la civilisation!

Îles Falkland

Le manchot empereur

Animal emblématique de l'Antarctique s'il en est, le manchot empereur se distingue par sa très grande taille. Comparativement aux autres manchots, celui-ci mesure autour de 1,20 m. L'histoire de la naissance des manchots empereurs est racontée avec brio dans le film à succès *La Marche de l'empereur*, du documentariste français Luc Jacquet.

Itinéraire

jour **1**

➤ Ushuaia (Argentine)

L'aventure commence ici, alors que vous embarquez à bord de l'*Akademik Ioffe* à Ushuaia, la ville la plus méridionale du monde, à l'extrémité de l'Argentine. En début de soirée, on largue les amarres pour traverser le canal de Beagle tandis qu'Ushuaia disparaît dans le sillage.

jours **2 et 3**

➤ En mer

Tout au long du trajet, les experts du cercle polaire partagent leurs connaissances sur les merveilles de l'Antarctique. En direction du nord-est, les ballets des oiseaux marins comme l'albatros hurleur apparaissent souvent à l'horizon.

jours **4 et 5**

➤ Îles Falkland

Arrivée aux îles Falkland (ou îles Malouines) dans la nuit. Au programme, exploration du Falkland occidental et de ses îles qui abritent une multitude d'oiseaux de mer et d'oiseaux migrateurs, y compris l'albatros à sourcils noirs. C'est également l'occasion de découvrir les manchots et les colonies agitées de freux sur l'île de West Point. Sur l'île Carcass, observez les manchots de Magellan en pleine nidification, ainsi que les huîtriers, les oies et canards, résidents permanents des Falklands. Le lendemain, découvrez Stanley, la capitale des îles Falkland. Promenade à travers les charmantes rues aux maisons peintes de couleurs vives. Stanley occupait une place importante pour les navires qui tentaient de doubler les eaux redoutables du cap Horn au XIXe siècle.

jours **6 et 7**

➤ En mer

Navigation vers le sud-est, en direction de l'île de la Géorgie du Sud, les yeux rivés sur l'horizon à la recherche des oiseaux marins, des baleines et d'autres mammifères. À bord, les experts profitent des longs quarts à la barre pour raconter des récits héroïques de quelques-uns des premiers téméraires qui se sont lancés à la conquête de l'Antarctique. L'excitation grandit d'autant plus lorsque vous traversez le point de convergence antarctique, alors que l'ambiance change soudainement et que la température baisse tout à coup.

jours 8 à 10

Île de la Géorgie du Sud

Arrivée sur l'île de la Géorgie du Sud. Sa beauté sauvage et ses montagnes majestueuses couvertes de neige vous accueillent. Navigation dans les eaux protégées de la côte est à la recherche de points de débarquement appropriés, telle la plaine de Salisbury, et de la baie de St. Andrews. Le moment fort de ces deux excursions est la rencontre des manchots royaux, bébés et adultes, qui vivent par centaines de milliers sur la côte, y recouvrant la moindre parcelle. Ils ne sont pas les seuls à parader : vous surprendrez sûrement les otaries à fourrure en train de plonger dans l'eau la tête la première, les labbes et pétrels géants planer au-dessus de votre tête, sans oublier l'albatros qui n'est jamais très loin. Visite d'une ancienne station baleinière à Grytviken et de la tombe du plus célèbre explorateur de l'Antarctique, Sir Ernest Shackleton.

jours 11 à 13

Mer de Scotia et Orcades du Sud

Traversée de la mer de Scotia, plus proche de l'Antarctique. Visite des îles Orcades du Sud. Rattachées à la péninsule Antarctique par une énorme chaîne de montagnes sous-marines, ces îles, souvent embrumées, sont protégées par d'énormes icebergs et la banquise. Vous pourrez faire une excursion sur l'île du Couronnement pour observer les manchots et les gracieux pétrels des neiges en pleine nidification. Une escale est également possible à Laurie, une île isolée, pour visiter la station météorologique argentine qui s'y trouve.

jours 14 à 16

Îles Shetland du Sud et continent Antarctique

Si les conditions atmosphériques le permettent, votre prochaine destination sera Elephant Island, sur la route des îles Shetland du Sud. Ici, vous en apprendrez davantage sur les célèbres aventures en Antarctique de Sir Ernest Shackleton. En 1916, cette île fut un refuge pour Shackleton et son équipage après que son navire eut été détruit par la banquise dans la mer de Weddell. Puis cap sur les îles Shetland du Sud au large de la péninsule Antarctique. Observation de la faune sur les îles de King George, Half Moon, Barrientos ou Livingston. De nombreuses espèces de manchots (Adélie, papou, à jugulaire,…) et de phoques s'épanouissent ici. Avec un peu de chance, vous assisterez

Antarctique

Paradise Bay

au repas de la baleine à bosse, inoffensive, au large de l'île de King George. Si le climat le permet, vous visiterez aussi la caldeira volcanique de l'île de la Déception. Avec ses paysages sauvages, ses grands sites d'intérêt géologique, sa bouleversante démonstration de chasse à la baleine, ce haut lieu de l'exploration scientifique est un véritable musée d'histoire naturelle et d'exploration. Pour ceux qui veulent se dégourdir les jambes, une randonnée spectaculaire au bord du cratère est un sacré défi. Enfin, après tant d'attente, vous arrivez sur le continent Antarctique à Paradise Harbour ou Hope Bay. Des icebergs colossaux, une calotte glaciaire qui semble sans fin, un paysage à couper le souffle !

jours 17 et 18

➤ Passage de Drake

Vous quittez ce lieu magique ! Sur le chemin du retour, vous doublez à nouveau le cap Horn. Profitez une dernière fois de ces paysages hors du monde et tout en poésie.

L'Antarctique à la carte

En dépit du fait que plusieurs pays revendiquent leur « propriété » sur plusieurs parties de l'Antarctique, le continent blanc n'appartient en définitive à personne. Il est régi par un traité signé, depuis 1959, par 47 pays. Aucune population n'y vit, hormis les chercheurs internationaux en mission dans les différentes stations de recherche.

05 **Bénin**

À la découverte du vaudou

de Cotonou **à** Ouidah **nombre de jours** 14

Inoubliable...

- *Naviguer en pirogue au cœur de la forêt primaire pour y observer des singes à ventre rouge.*
- *Photographier le lion, l'éléphant, le léopard ou encore le guépard dans leur habitat naturel.*
- *Participer aux cérémonies de culte vaudou.*
- *Découvrir les villages traditionnels tanekas.*

Parcourez le Bénin du sud au nord. Ce petit pays du golfe de Guinée fut l'un des plus puissants empires africains, et de nombreux sites témoignent aujourd'hui encore de cette histoire exceptionnelle. Au sud du pays, les palais des rois à Abomey et leurs bas-reliefs relatent le faste et l'esprit guerrier de l'époque. Partez à la découverte de la religion ancestrale vaudou et des marchés aux fétiches. Dans le Sud, à Ouidah, suivez les traces émouvantes du commerce des esclaves. Côté nature, les parcs du Nord comptent parmi les plus beaux d'Afrique de l'Ouest. Un peu plus loin, à Kandi, une promenade au marché permet de deviner combien les ethnies du pays sont nombreuses et fascinantes dans cette région.

Pourquoi en janvier?

C'est le 10 janvier qu'ont lieu chaque année les grandes festivités vaudou à Ouidah. À noter que, tous les 7 ans, cette fête prend un caractère encore plus spectaculaire. Sur le plan du climat, la meilleure période se situe de décembre à mars.

Léopard

Itinéraire

jours 1 et 2

Cotonou – Abomey

Le voyage débute par une visite de Cotonou, capitale économique du Bénin. Connue dans toute l'Afrique de l'Ouest pour son immense marché de Dantokpa et ses « Zémidjans » (motos-taxis), Cotonou est une ville dynamique, à l'image d'une Afrique en pleine effervescence. Puis route vers le nord et Abomey, au cœur du pays des Fons, peuple fondateur du royaume du Dahomey. La ville est remarquable avec ses rues sinueuses, ses maisons en briques de terre crue et séchée et ses palais érigés par les rois du Dahomey.

jour 3

Forêt de Lama

Départ pour la forêt de Lama, à explorer en pirogue. Cette forêt dense et marécageuse abrite une réserve naturelle unique. On y retrouve de nombreuses espèces, comme le singe à ventre rouge, appelé le zinkaba, et des oiseaux rares. Quelques heures de promenade permettent de découvrir les palais Akaba et Ghézou, vestiges de la civilisation du Dahomey, encore utilisés lors des cérémonies rituelles.

jour 4

Dassa Zoumé

Route vers Dassa Zoumé, la cité des 41 collines. La grotte Notre-Dame d'Arigbo, où la Vierge serait apparue, rassemble chaque année des dizaines de milliers de pèlerins catholiques venus des quatre coins du Bénin et des pays voisins... Un sentier dévoile les 13 reliques dissimulées dans les rochers. Une promenade en pirogue sur le fleuve Ouémé est l'occasion de croiser les nombreux hippopotames qui y ont élu domicile.

jour 5

Savalou – Djougou

Route vers Savalou et Djougou à travers un paysage aride et sablonneux. Visite des villages tanekas, tout près de la frontière togolaise. Leur architecture, en pisé et murs de pierre sèche, les dissimulait parfaitement à l'époque où ils devaient se protéger des envahisseurs. Aujourd'hui, seuls les féticheurs, les enfants et les personnes âgées restent au village, tandis que les générations en âge de travailler s'exilent de façon temporaire.

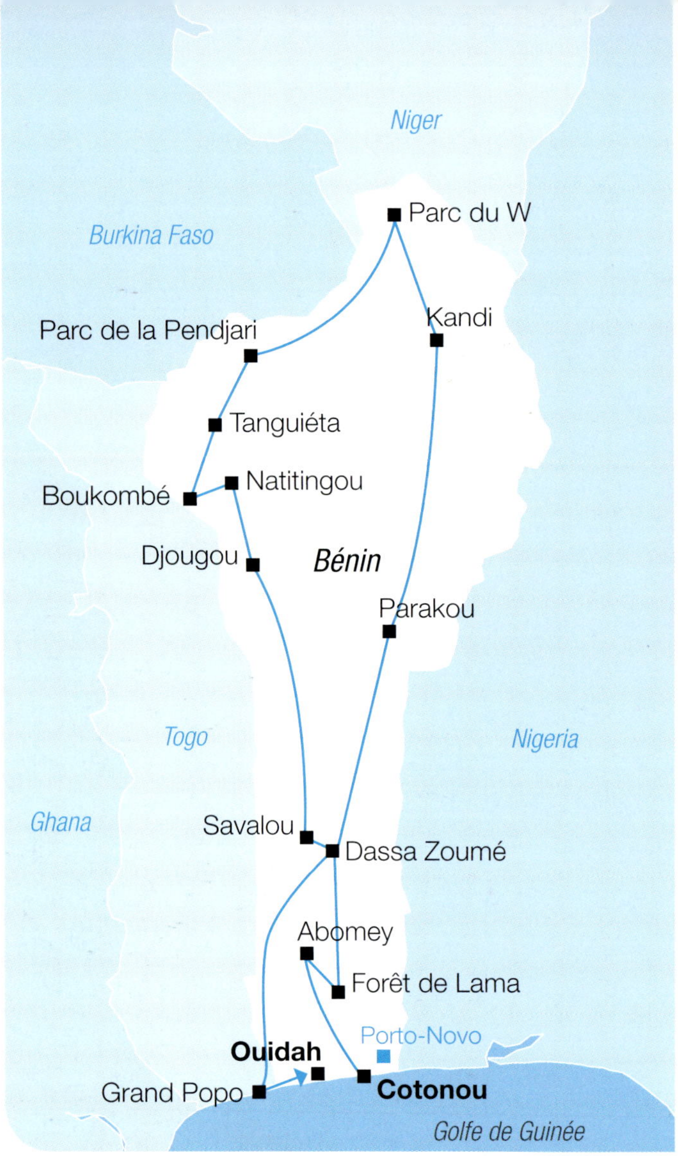

Statue vaudou

Qui sont les griots ?

Le système des castes prévaut au Bénin. C'est ainsi que ceux qui naissent griots le restent toute leur vie. Autrefois, les griots s'en allaient chanter, de village en village, l'histoire des ancêtres et du pays, parfois accompagnés en musique au son de la *cora*, une sorte de harpe. Ils jouaient un rôle social important, car ils étaient les seuls autorisés à chanter aux puissants les attentes, les souhaits et les revendications du peuple. Si la tradition se perd au fil du temps, il n'en reste pas moins qu'être griot signifie être dépositaire de l'histoire du pays et la chanter pour la faire vivre, lors de fêtes le plus souvent. Et le caractère social de la fonction persiste également. Ce sont encore eux qui font office de médiateurs et de conseillers en cas de problèmes personnels.

Qu'est-ce que le vaudou ?

Comprendre le vaudou est bien plus complexe qu'il n'y paraît. Loin de pouvoir être réduit à des actes de sorcellerie sur des poupées de chiffon, il tient à la fois de la philosophie, de la religion, de l'art, de la médecine, de la musique, de la justice… et fait partie intégrante de la vie béninoise.

Plus de la moitié des Béninois le pratiquent en parallèle à leur religion première, qu'ils soient chrétiens ou musulmans. Plus déroutant encore, le vaudou est un syncrétisme de cultes traditionnels (dieux yorubas et des divinités fons et ewés) mêlé de christianisme.

Le Gran Mèt (Grand Maître) s'apparenterait à un dieu. À ses côtés, quelque 200 à 400 Loas (esprits) symbolisent la vie, la mort, la paix, l'amour, la féminité, la mer, le fer, le python, la chauve-souris...

Pour protéger la richesse de ce culte, les députés béninois ont promulgué, en août 1998, une loi instituant le 10 janvier « journée nationale des religions traditionnelles ».

jour **6**

➤ Natitingou – Boukombé – Tanguiéta

Nichée à 440 m d'altitude dans le massif de l'Atakora, Natitingou est la ville la plus dynamique du nord du Bénin. C'est le point de départ idéal pour partir à la découverte du pays Somba. Ce peuple animiste vit isolé dans des cases atypiques (les *tata somba*). Elles ressemblent à des forteresses miniatures avec leurs tourelles en argile et leurs toits de chaume, regroupées en petits villages qui correspondent chacun à un clan. Route vers Boukombé. Belle piste cahoteuse en terre rouge serpentant à travers les champs de maïs et les baobabs. Continuation vers Tanguiéta.

jours **7 et 8**

➤ Parc de la Pendjari

Découverte du superbe parc de la Pendjari, inscrit sur la liste mondiale des réserves de la biosphère. Le safari débute dès le coucher du soleil autour des mares sacrées où viennent s'abreuver les éléphants, buffles, phacochères, lions, antilopes, babouins…

jour 9

➤ Parc du W

Longue journée de piste en passant par les villes de Kouandé et de Kérou. Entrée dans le parc du W par les « pistes de vision » (des itinéraires spécialement conçus pour observer au mieux les animaux) menant aux chutes de Koudou, en bordure de la Mekrou. Cette aire protégée offre la possibilité d'un safari pédestre original !

C'est parce que le fleuve Niger s'écoule en méandres, en suivant le contour d'un W, que le célèbre parc national qui l'entoure porte ce nom étrange. À cheval sur le Bénin, le Niger et le Burkina Faso, le parc du W est l'un des rares territoires où l'on peut observer hyènes, topis et léopards au milieu d'éléphants, lions, bubales, oribis, guépards, hippotragues et buffles. Une telle diversité ne se retrouve pas dans les parcs du Kenya et de la Tanzanie, pourtant plus célèbres. Et la tranquillité hors des sentiers battus est ici assurée.

jour 10

➤ Kandi

Promenade en canoë sur la rivière Mékrou. Départ pour Kandi, ses magnifiques manguiers et son marché : un véritable chassé-croisé des peuples originaires du Nigeria et du Niger.

jour 11

➤ Parakou – Dassa Zoumé

Route cahoteuse jusqu'aux plages et lagunes du Sud. Halte à Parakou. Chef-lieu du département du Borgou et troisième ville du pays, Parakou est un carrefour commercial cosmopolite entre le Burkina Faso et le Niger où se côtoient les ethnies Bariba, Dendi, Somba, Fon, Peul, Touareg…

jours 12 et 13

➤ Grand Popo et fleuve Mono

Départ pour Grand Popo en passant par Lokossa. Grand Popo est l'une des plus belles plages du Bénin. C'est également un ancien carrefour commercial où les navigateurs portugais venaient se procurer de l'huile de palme. On peut y voir encore certains vestiges coloniaux, comme la poste ou les écoles des filles et des garçons. Promenade en pirogue motorisée sur le fleuve Mono en direction des Bouches du Roy : lieu de rencontre du fleuve avec la mer. Plongée au cœur de la culture vaudou, avec un arrêt dans un village pour assister à un spectacle de danse traditionnelle des Zangbétos, gardiens protecteurs de la nuit dans la religion du peuple Yoruba.

Bénin

Grande « fête du vaudou », Ouidah

jour **14**

➤ Ouidah

Départ pour Ouidah. Jadis seul port du Bénin, Ouidah était le centre de la traite négrière de la région. Randonnée le long du chemin de terre qu'ont parcouru durant plus d'un siècle des milliers d'hommes et de femmes avant d'être embarqués comme esclaves dans des navires qui les conduisaient vers le Nouveau Monde. Ce chemin, du centre-ville à la plage, comporte plusieurs étapes poignantes dont la place Chacha, lieu de la vente aux enchères des esclaves, et la « Porte du non-retour » qui se dresse sur la plage face à l'océan.

Le 10 janvier, la grande « fête du vaudou » est organisée chaque année à Ouidah. Elle attire des milliers de personnes venues d'Afrique de l'Ouest, mais également des Caraïbes (Cuba, Haïti), où le vaudou fut importé par les esclaves.

Le Bénin à la carte

République du Bénin

Capitale Porto-Novo

Langue officielle Français

Autres langues Nombreuses langues tribales (yoruba, fon,...)

Religions Christianisme (environ 40% de la population), islam (environ 25%), animisme vaudou (environ 17%)

Étiquette Évitez les shorts, les débardeurs et les autres vêtements décolletés.

Un plat Une purée d'ignames servie fraîche, accompagnée d'une bière locale !

Un artiste La chanteuse Angélique Kidjo mêle jazz, soul et reggae sur la scène internationale.

février

06 **Nouvelle-Zélande** Sur les traces du Capitaine Cook

07 **Myanmar** Un kaléidoscope de rencontres

08 **Sultanat d'Oman** Rencontres bédouines, fjords et montagnes

06 Nouvelle-Zélande

Sur les traces du Capitaine Cook

de Christchurch **à** Auckland **nombre de jours** 13

Inoubliable...

- *Randonner sur le glacier Franz Josef.*
- *Faire une croisière sur un des plus beaux fjords du monde, le Milford Sound.*
- *Découvrir la culture maorie avec la danse haka et le dîner traditionnel hangi.*
- *Découvrir Auckland et Christchurch.*

Les premiers explorateurs découvrirent la Nouvelle-Zélande dès 1642. Mais c'est le Capitaine Cook qui, le premier, entreprit d'explorer ces terres un siècle plus tard. Il constata que le pays se compose de deux îles principales séparées par un détroit portant aujourd'hui son nom. Partez sur les traces du Capitaine Cook, à la découverte d'une large palette de paysages et d'animaux. Dans l'île du Nord, explorez des plages sereines, des volcans somptueux et des rivières sauvages. Sur l'île du Sud, découvrez montagnes et glaciers, et observez otaries à fourrure, pingouins et albatros.

➤ Pourquoi en février?

C'est le mois le plus agréable et le plus chaud de l'année, au cœur de l'été austral. C'est aussi à ce moment que se tient le Te Matatini National Festival, où vous aurez la chance de découvrir la culture maorie et son légendaire haka. C'est enfin en février qu'a lieu The Big Day Out, un festival de musique qui anime Auckland durant toute une journée.

Lac Matheson, parc national de Westland

Christchurch

Itinéraire

jours 1 et 2

➤ Christchurch

Ambiance très *British* à Christchurch, la plus grande ville de l'île du Sud. Le très pittoresque tramway est idéal pour arpenter les rues et découvrir les édifices historiques de la ville. Promenez-vous dans les magnifiques jardins botaniques. Un détour par le Centre antarctique international permet d'apprendre que la ville est toujours aujourd'hui le point de départ de nombreuses expéditions vers le continent des glaces.

jour 3

➤ Greymouth – Hokitika – Franz Josef

Train mythique, le *Tranzalpine* vous emmène en direction de Greymouth. De là, route vers Franz Josef en passant par Hokitika, une petite ville de la côte ouest très réputée pour sa pierre de jade (aussi appelée «pierre verte néo-zélandaise» ou *pouanamu* en maori). Plusieurs artisans de Hokitika travaillent encore à confectionner des bijoux d'une beauté sans pareille. Poursuite du voyage à travers la région des glaciers. En soirée, détente à Franz Josef dans les «Hot Pools» (piscines d'eau chaude dans un cadre sylvestre).

jour 4

➤ Parc national de Westland

Le parc national de Westland protège depuis 1960 plus de 60 glaciers ainsi que le splendide lac Matheson, autour duquel une randonnée offre toujours un grand moment de paix. Ce paysage contrasté de glaciers, de végétation subtropicale et d'océan ne se retrouve nulle part ailleurs dans le monde. Vous découvrirez ici les deux seuls glaciers de cette latitude à s'avancer si près de la mer. Marche d'une demi-journée sur le glacier avec bottes et crampons. Possibilité de le survoler en hélicoptère avec atterrissage sur la neige.

jours 5 et 6

➤ Queenstown

La route vers Queenstown longe les lacs Hawea et Wanaka, d'une pureté unique. Arrivée en ville, au centre des majestueuses Alpes néo-zélandaises. Queenstown est la première destination internationale pour les sports d'aventure et les activités de plein

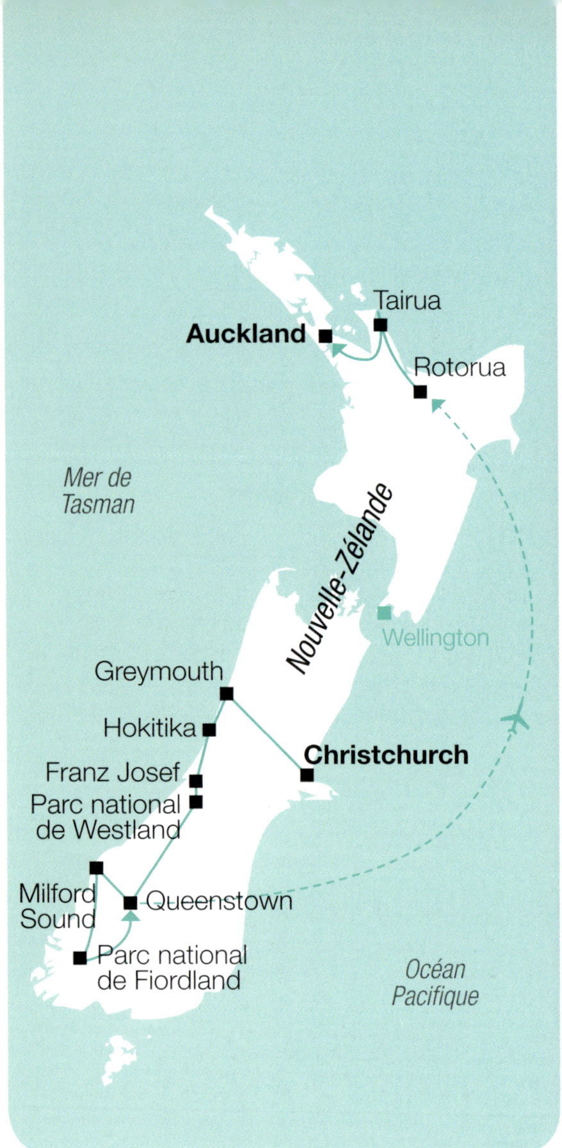

Queenstown

Auckland

air. Saut à l'élastique, parapente, promenade le long du lac, randonnée à cheval, descente de rapides en bateau à tuyère, rafting, excursion sur la rivière Dart: les options sont nombreuses. On peut aussi visiter les excellents vignobles de la région. Ne manquez pas d'emprunter le téléphérique jusqu'au sommet du Bob's Peak afin d'admirer la vue.

jour 7

Milford Sound – Parc national de Fiordland

Route vers Milford Sound, aux portes du plus grand parc du pays, le parc national de Fiordland, un vrai paradis pour les amoureux de la nature et de la vie sauvage. Admirez sa forêt tropicale dense, la douzaine de sommets souvent enneigés, et les nombreuses espèces animales menacées (takahe, kea, kaka, kiwi brun) qu'il abrite. Embarquez pour une croisière à bord d'un confortable bateau. Pingouins, phoques et dauphins sont parfois au rendez-vous pendant la traversée. Vous naviguerez sous les chutes, au pied des falaises de basalte qui s'enfoncent profondément dans les eaux transparentes.

jours 8 et 9

Rotorua

Retour vers Queenstown, puis vol en direction de Rotorua. La ville est connue pour ses activités thermales, son lac et ses nombreuses attractions touristiques. Rotorua est également le cœur de la culture maorie, avec la musique et les danses traditionnelles ainsi que le « Hangi ». Découverte de la vieille ville historique et des jardins du Gouvernement. Marche à travers la fascinante réserve thermale, ses fumerolles et ses boues bouillantes. Poursuivez par la réserve de Te Puia et son geyser. Terminez par un moment de pure détente en savourant un bain typiquement polynésien.

jours 10 et 11

Tairua (péninsule de Coromandel)

Avec ses côtes spectaculaires, ses magnifiques plages de sable blanc et ses montagnes enveloppées de forêts denses, la région offre une diversité de paysages surprenante. À ne pas manquer: la célèbre plage de Cathedral Cove, enserrée par les falaises et accessible uniquement à pied, et Hot Water Beach, une plage d'eau chaude (à marée basse uniquement). Possibilité de faire du kayak de mer et de la plongée.

Nouvelle-Zélande

Le haka, danse guerrière maorie

Devenu célèbre grâce à l'équipe nationale de rugby à XV, les All Blacks, qui inaugurent chaque match par ce rituel, le haka est une danse chantée traditionnelle maorie. La légende raconte qu'au XIXe siècle Te Rauparaha, grand guerrier maori, chef de la tribu Ngati-Toa, inventa le haka alors qu'il était poursuivi par une tribu ennemie. Il se cacha pour éviter la mort. Les paroles traduisent son angoisse (C'est la mort ! C'est la mort !) puis son soulagement (C'est la vie ! C'est la vie !). L'homme poilu auquel il est fait référence dans les paroles du haka serait un chef de tribu voisine venu lui prêter main-forte. C'est pour le remercier de son aide que Te Rauparaha aurait composé le haka.

Aujourd'hui, le haka est dansé par tous dans l'ensemble du pays, à l'école, dans l'armée, etc. C'est le symbole de la vivacité et de l'intégration de la culture maorie dans la culture nationale.

jours **12 et 13**

➤ Auckland

Route vers Auckland, encore appelée la « cité des voiles ». Avec un million d'habitants (le tiers de la population néo-zélandaise), Auckland est sans conteste la métropole du pays. La qualité de vie est incomparable dans cette ville très étendue qui offre une quantité exceptionnelle d'activités diverses et d'attractions intéressantes, comme la spectaculaire Sky Tower, plus grande tour de l'hémisphère Sud, l'America's Cup Village, le village colonial de Parnell, les quartiers *trendy* de Ponsonby, l'Auckland Domain (un parc) et son musée, pour une initiation à la culture maorie et polynésienne. En dehors de la ville, le mont Eden (un volcan éteint offrant de belles vues sur Auckland) et les îles de la Baie (Rangitoto et Waiheke) méritent également une visite. Relaxez-vous en fin de journée en naviguant sur l'ancien voilier de l'America's Cup dans le port d'Auckland.

La Nouvelle-Zélande à la carte

Nouvelle-Zélande

Capitale Wellington

Langues officielles Anglais et maori

Religions Anglicanisme (15% de la population), catholicisme (15%), Ratana et Ringatu (cultes maoris)

Un plat Côtelettes d'agneau grillées fondantes et *kumara* (patate douce) frites.

Un artiste Dame Kiri Te Kanawa, chanteuse d'opéra d'origine maorie.

07 Myanmar

Un kaléidoscope de rencontres

boucle au départ de Yangon **nombre de jours** 16

Inoubliable...

- *Partager le quotidien des ethnies Palong, Danus, Paoh et Taung Thus.*
- *Naviguer sur le lac Inle.*
- *Visiter la pagode Shwedagon à Yangon, l'une des plus belles d'Asie.*
- *Profiter du coucher du soleil du haut de la pagode de Kuthodaw.*

Quel coup de cœur que le Myanmar! Partez à l'aventure autour du fameux lac Inle, pour une randonnée à nulle autre pareille! En chemin, faites la connaissance des Palongs, dormez sur les nattes de paille avec les enfants, riez avec les Danus, cuisinez avec la grand-mère, assise près du feu, et reprenez encore la marche, juste le temps de tomber sous le charme des jeunes femmes paohs portant le foulard orangé. Rencontrez enfin les Taung Thus qui travaillent dans des rizières, puis faites un tour de bateau sur le lac Inle. Poursuivez ensuite votre périple jusqu'à Mandalay, faites une croisière vers Bagan, admirez le célèbre mont Popa et visitez la métropole Yangon.

Pourquoi en février?

La saison fraîche se déroule de novembre à février. C'est le meilleur moment pour profiter de la douceur du climat dans la plaine de l'Irrawaddy, entre Yangon et Mandalay.

Pagode Shwedagon, Yangon

Itinéraire

jours 1 et 2

Yangon

Ex-capitale, deux fois millénaire, Yangon est une ville à forte influence indienne, qui fait suite à l'importante immigration des années 1930. Promenez-vous dans ses quartiers où l'on porte le *longhi* aux couleurs multiples. Faites un saut à la pagode Chaukhtatgyi et découvrez son grand bouddha couché. Découvrez la fameuse pagode Shwedagon, tôt le matin ou en fin d'après-midi à cause de la chaleur. Ses 112 m de hauteur en font le temple bouddhique le plus impressionnant du pays. Savourez les grands marchés en plein air, comme le Bogyoke Aung San. Le soufflage du verre selon les techniques ancestrales y est des plus intrigants.

jour 3

Kalaw

En avion vers Heho, rejoignez Kalaw. Située à plus de 1 500 m d'altitude, la ville a ce charme que possèdent les endroits isolés. En prenant votre temps, découvrez son marché et ses alentours. Les femmes fument le *cheroot*, un cigare birman fait de tabac, d'herbes et de racines enroulées dans des feuilles de maïs.

jour 4

Pindaya

Dominée par un petit lac, la bourgade de Pindaya dévoile ses mystérieuses grottes regroupant plus de 8 000 statues dorées de Bouddha… Découvrez aussi la fabrication artisanale du papier, ainsi que des chapeaux faits de bambou.

jours 5 à 8

Trek dans les alentours jusqu'au lac Inle

Partez en trek pour ce qui sera certainement une expérience inoubliable ! Marchez vers Nyaung Gone et faites la connaissance des Palongs aux dents recouvertes d'or. Après une nuit en famille, continuez vers Myin Deik puis Setkya Gone et passez de bons moments à rigoler avec les Danus. Poursuivez votre périple à la découverte de Ryouk Su, Kan Kaw Pin et des femmes paohs. Respirez les senteurs de thé, de café, de gingembre, d'ail et de légumes provenant des cultures en terrasses chez les Taung Thus. En passant par Bawni Gone, rendez-vous au majestueux lac Inle.

Myanmar

Lac Inle

jour 9

➤ Lac Inle

Debout sur un pied, au bout de leur barque, l'autre jambe enroulée autour de la rame, les rameurs inthas vous font découvrir l'impressionnant lac Inle, entouré de collines. Parmi les jardins flottants à perte de vue, visitez une fabrique de cigares, d'argent, d'immenses bateaux et de petits bouddhas faits de cendres de fleurs… Découvrez aussi plus d'une dizaine de méthodes de pêche différentes, dont celle utilisant de grands paniers d'osier. Un peu plus loin, l'impressionnante pagode Phaung Daw U renferme cinq bouddhas recouverts de nombreuses feuilles d'or ! Terminez votre excursion par la visite du monastère Nga Hpe Chaung, où d'imposants bouddhas sont ornés de couronnes.

jour 10

➤ Mandalay

Mandalay, important centre intellectuel, artistique et religieux, est réputé dans tout le pays pour les anciennes cités impériales qui se trouvent tout autour. Mais il faut aussi en profiter pour assister à une animation des plus contemporaines, le *A Nyeit Pwe*. La troupe des Moustache Brothers a conçu un spectacle de danse et de musique tout en humour et en émotions. Sous leur légèreté apparente, leurs

Mandalay

chansons dénoncent la corruption policière et militaire du régime, et la troupe risque pour cela de se faire emprisonner. C'est leur notoriété auprès des touristes qui empêche leur arrestation. Alors, applaudissez fort leur bravoure !

jour 11

➤ Mandalay – Ava – Sagaing – Amarapura

Commencez votre journée par la visite d'une fabrique de feuilles d'or. Quel travail de précision ! Puis après avoir traversé la rivière, découvrez la cité des joyaux en calèche. Innwa, plus communément appelée Ava, fut la capitale du pays dès 1364, et ce, pendant 400 ans. Parmi les petits villages et les champs des alentours figurent quelques anciens monastères construits en teck. Parcourez les collines de Sagaing, passant de pagodes en monastères, jusqu'à Amarapura, la cité de l'immortalité, où plane le souvenir de la dernière dynastie. Sous l'impressionnant pont de teck de plus de 2 km, savourez un petit verre de *toddy*. Cette boisson alcoolisée, au petit goût de noisette, est extraite du palmier du même nom.

Dictature et voyage

Les mots de l'écrivain Rudyard Kipling ont beau dater de plus d'un siècle, ils sont toujours d'actualité : *« Voici la Birmanie et elle ne ressemble à aucune contrée connue. »* Mais si le Myanmar (ex-Birmanie) reste si mystérieux aujourd'hui, c'est en grande partie en raison de la junte militaire au pouvoir qui empêche la circulation d'informations sur une grande partie de son territoire.

Pour que le développement touristique, souhaité par l'État, profite également au peuple, choisissez des hébergements privés. La capacité hôtelière et la qualité des infrastructures se sont bien améliorées depuis le début des années 1990 grâce à la privatisation du secteur. Vous aurez le choix !

Mont Popa

La croyance Nat

Les Birmans sont majoritairement bouddhistes Theravada. Mais ils sont nombreux à conserver en parallèle d'anciennes croyances datant d'avant l'arrivée du bouddhisme. Ces traditions animistes, appelées Nat, sont originaires de l'Inde. Elles reposent sur la croyance en une multitude d'esprits, incarnés dans des êtres, vivants ou décédés, ainsi que dans des lieux considérés comme sacrés. De nombreuses offrandes sont faites pour s'assurer de leur protection. On leur adresse également des prières par l'intermédiaire de sages. Cette pratique repose davantage sur la crainte que sur l'adoration.

jour 12

➤ Mingun – Mandalay

Une balade en bateau exceptionnelle permet de découvrir la vie quotidienne des familles vivant sur les îlots de sable du fleuve Irrawaddy. En toile de fond, de grandes barques à voiles carrées et colorées naviguent sur les eaux. Puis direction Mingun, la cité impériale, et son gigantesque Mantara Gyi en briques rouges. Faites résonner la plus grande cloche au monde, à en devenir sourd. Non loin de là, le temple Hsinbyume, l'un des plus beaux du pays, représente, par ses parapets en forme de vagues, les sept chaînes de montagnes qui entourent le mont Meru, centre de l'univers. De retour à Mandalay, visitez la pagode Kuthodaw. On raconte que 2 400 moines se relayèrent pendant six mois afin de réciter le texte entier inscrit sur les 729 stèles de marbre. Terminez la journée par l'ascension des 1 729 marches de la colline afin de faire la rencontre de plusieurs astrologues et de profiter du coucher de soleil.

jours 13 et 14

➤ Bagan

Embarquez pour une croisière vers Bagan afin de découvrir l'activité trépidante sur les rives du fleuve Irrawaddy. Les vastes ruines de Bagan font partie des merveilles d'Asie avec plus de 2 700 pagodes, temples, stupas de briques rouges et dômes dorés réunis en un seul endroit. Terminez la journée en admirant le coucher de soleil au sommet du temple Minyeingon. Le lendemain, baladez-vous dans l'une de ces charrettes aux roues grinçantes qui transportent la canne à sucre, et découvrez l'histoire fascinante de la cité. Visitez à vélo les temples de Htilominlo, d'Ananda – l'un des plus raffinés de toute l'Asie du Sud-Est – ou encore de

Bagan

Thatbyinnyus, le plus haut de tous. Faites la connaissance d'un bouddha étendu de tout son long (20 m) à la pagode Shwesandaw et si, les peintures murales vous intéressent, faites un saut au temple Sulamani.

jour **15**

➤ Mont Popa

Le célèbre mont Popa culmine à 1 520 m dans une végétation luxuriante. Les Nats en ont fait un haut lieu de culte. Au Myanmar, le bouddhisme est la principale religion, mais nombreux sont ceux qui l'associent à la croyance Nat et accomplissent ainsi des rituels témoignant de leur respect à la nature, considérée comme sacrée.

jour **16**

➤ Yangon

Visitez la pagode Sule, le cœur battant de la ville, construite il y a 2 000 ans, et célèbre pour ses diseurs de bonne aventure. Prenez le temps de découvrir l'architecture coloniale de la métropole du pays, son hôtel de ville et le prestigieux hôtel Strand. Également millénaire, la pagode Botataung abrite un coffret d'or renfermant entre autres un cheveu de Bouddha.

Le Myanmar à la carte

Union du Myanmar

Capitale Nay Pyi Taw

Langue officielle Birman

Religion Bouddhisme (environ 90% de la population)

Un plat L'*oh-no khauk-swe* (nouilles au poulet au lait de coco).

Un artiste Le groupe de musique Iron Cross est un véritable phénomène de société au pays. Petits ou grands, tout le monde fredonne leur musique populaire.

08 Sultanat d'Oman

Rencontres bédouines, fjords et montagnes

de Djebel Akhdar **à** Khasab **nombre de jours** 11

Inoubliable...

- *Randonner entre col et canyon au cœur du djebel Akhdar.*
- *Veiller sous les étoiles du désert, en compagnie des Bédouins.*
- *Plonger dans les eaux transparentes de la mer d'Oman.*
- *Naviguer sur un boutre traditionnel au cœur des fjords de Kashab.*

Encore méconnu des voyageurs, le sultanat d'Oman, par la simple évocation de son nom, est déjà une aventure. Et derrière ce nom se cachent de bien belles surprises. Les Omanais se révèlent des plus chaleureux, et les paysages sont spectaculaires. Rares sont les pays où l'on peut passer des montagnes à la mer en traversant un désert, le tout en moins de temps qu'il n'en faut pour le dire. La nature est ici une alchimie de dunes rouges, hauts plateaux montagneux, mer d'azur, cols et vallées, et palmeraies luxuriantes sous le soleil d'Arabie.

➤ Pourquoi en février?

Il fait beau toute l'année à Oman. Toutefois, la meilleure période pour visiter le pays s'étale d'octobre à avril. L'hiver est la saison la plus fraîche et la plus confortable, et l'été apporte des températures avoisinant les 50 degrés!

Itinéraire

jours 1 à 3

➤ Djebel Akhdar – Niwa

Le djebel Akhdar, littéralement «la montagne verte», est un formidable terrain de randonnée au cœur de la chaîne de montagnes Al Hajar. Départ en 4x4 pour rejoindre un premier campement situé dans un panorama d'exception. Puis superbe randonnée le lendemain vers le village d'Al Misfah et ses splendides palmeraies au cœur d'un paysage de montagnes. Un vrai havre de paix! La marche dure toute la journée, mais le chemin descend presque tout le long. Longez un canyon, passez un col et admirez la vue qui s'ouvre sur la vallée. Campement sur le plateau, au royaume des bergers. Poursuivez la marche, en bordure du spectaculaire canyon de Ghul jusqu'à un village abandonné. Enfin, route vers Niwa, l'ancienne capitale du sultanat d'Oman, et soirée à déambuler dans le souk.

jour 4

➤ Désert du Wahiba

Passez de la montagne au désert en quelques heures. Le désert du Wahiba est le refuge de familles bédouines qui

Tribus bédouines

Au pied des grandes dunes, ils sont encore nombreux à vivre sous la tente, selon le rythme de vie nomade. Mais ne vous y méprenez pas. Si les Bédouins d'Oman veillent à conserver intactes leurs traditions, plusieurs concessions sont faites à la modernité. La voiture a remplacé le chameau, et l'intérieur des tentes est digne d'une vraie petite maison. Ils jouent désormais les équilibristes entre modernité et tradition, dans un numéro pas toujours évident.

Le système patriarcal strict prévaut toujours, laissant aux femmes une place assez réduite selon notre conception de pensée. La tradition s'appuie sur le respect de la chevalerie, de l'hospitalité et de la courtoisie, des règles d'or en plein désert. Le cheikh (l'ancien) est le chef de la tribu. La pratique de l'islam est très répandue. Le gouvernement s'engage également, depuis plusieurs années, à préserver la culture orale bédouine, leur poésie chantée et leurs airs de cornemuse, de luth ou de violon.

Mer d'Oman

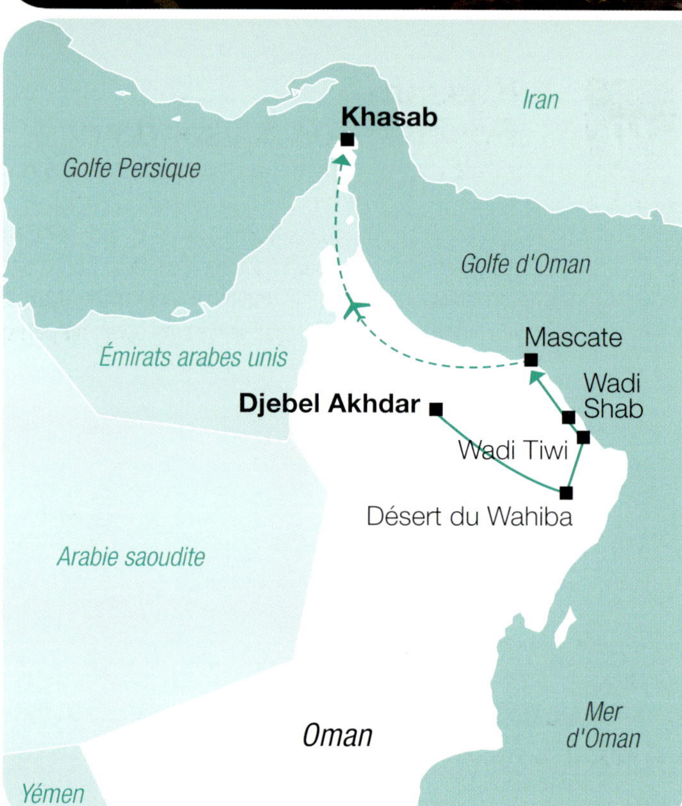

vivent au pied des grandes dunes. Le campement est établi à l'entrée du désert, auprès d'une de ces familles avec qui vous partagerez le repas du soir. Veillée sous les étoiles.

jour 5

➤ Mer d'Oman – Wadi Tiwi

Quittez le désert pour atteindre la ville de Sur, puis parcourez la côte qui longe le plateau de Selma. Randonnée sur le plateau, puis installation du campement en bord de mer.

jour 6

➤ Taab et Wadi Shab

Faites route jusqu'à un village de montagne, Taab, puis vers le Wadi Shab, une magnifique oasis où l'eau douce rejoint la mer. Après la remontée à pied d'un canyon à la végétation exubérante, baignez-vous dans les vasques d'eau claire.

jour 7

➤ Bandar Jissah

Faites une pause à Bandar Jissah, superbe crique au bord du golfe d'Oman où vous pouvez monter à bord d'un bateau de pêcheurs pour rejoindre l'une des plages du littoral.

Sultanat d'Oman

Wadi Tiwi

jours 8 et 9

➤ Mascate

Visite de Mascate et de ses principaux sites : la grande mosquée, le musée traditionnel de Bait Al Zubair, le palais du Sultan. Pique-nique sur une plage privée, suivi de la visite du souk. Le lendemain, journée axée sur la mer : nage avec des dauphins en pleine mer, puis plongée avec tuba dans les eaux poissonneuses du golfe de Mascate.

jours 10 et 11

➤ Khasab – Péninsule de Musandam

Vol vers le nord du pays, où une petite péninsule séparée du continent est surnommée la « péninsule aux mille et un fjords ». Découvrez les forêts d'acacia d'où les points de vue sur les fjords sont à couper le souffle. Puis embarquez pour une croisière sur un boutre traditionnel omanais et explorez les fjords côté mer. Plongée avec tuba. Avec un peu de chance, vous croiserez quelques dauphins.

Oman à la carte

Sultanat d'Oman

Capitale Mascate

Langue officielle Arabe

Religion Islam (75% de la population)

Étiquette Ne critiquez pas ouvertement le sultan.

Un plat *Biryani* (plat indien composé de riz épicé au poulet, à l'agneau ou au poisson, devenu « plat national » à Oman).

Un artiste La peintre Maha Al Lamki.

09 Thaïlande

Au fil du fleuve Mékong

de Bangkok **à** Ayutthaya **nombre de jours** 12

Inoubliable...

- *Partir en safari nocturne dans le parc Khao Yai.*
- *Apprécier un vrai massage thaï.*
- *Découvrir la fabrication artisanale des gongs.*
- *Participer à la cérémonie du fil sacré.*
- *Naviguer sur le fleuve Mékong.*
- *Admirer les plus beaux temples du pays.*

Au départ de Bangkok, ce périple, riche en sensations, suit le Mékong au fil de l'eau. Depuis la région de l'Issan, sa cuisine et ses cérémonies traditionnelles, jusqu'au parc historique de Phimai et à l'ancienne capitale du Siam, Ayutthaya, il est placé sous le signe des découvertes culturelles et des rencontres surprenantes.

Pourquoi en février?

Février est le plus beau mois pour visiter ce coin de pays: beaucoup d'ensoleillement et chaleur modérée.

Pagode, Nakhon Phanom

Prasat Hin Phimai

Itinéraire

jour 1

Bangkok – Parc de Khao Yai

Au nord-est de Bangkok, l'une des plus vastes forêts d'Asie du Sud abrite l'immense parc naturel de Khao Yai. La jungle épaisse est seulement percée ici de quelques sentiers et de petites routes. Le voyage commence entre les superbes chutes de Nam Tok Hew Suwat, les cris des macaques et gibbons et de nombreux calaos, mythiques oiseaux multicolores. La fin de journée approche, et avec elle débute le safari de nuit. Il est en effet possible d'observer, une fois la nuit tombée, de nombreux animaux sauvages.

jour 2

Pak Thong Cha – Buri Ram

Continuez jusqu'au village de Pak Thong Cha, où vous pourrez percer les secrets du tissage de la soie en vous initiant aux techniques thaïes. Un peu plus loin, le magnifique temple de Phanom Rung, récemment restauré, s'élève par-dessus la plaine de Buri Ram.

Massage thaï

En Thaïlande, le massage est considéré comme une pratique médicale traditionnelle. Lorsqu'on reçoit un massage, il ne s'agit pas simplement d'en ressentir une certaine détente, il est question également de soigner les maux ou de les prévenir. L'origine du massage se trouve au cœur même de la religion bouddhiste. À l'époque de Bouddha, il y a plus de 2 500 ans, un médecin identifia une série de pressions à pratiquer sur certains points du corps, le long des lignes d'énergie.

On peut comparer le massage thaï à une chorégraphie, tant le rythme des mouvements est primordial. Cette technique se développa d'abord au sein de la religion bouddhiste, chez les moines, au cœur des monastères. Elle devint ensuite plus populaire et s'étendit à l'ensemble de la population. Aujourd'hui, il est possible de suivre des cours de massages thaïs dans certains temples du pays.

Thaïlande

Chutes de Nam Tok Hew Suwat

jour 3

➤ Ubon

La route longe la frontière avec le Cambodge, au cœur d'une région particulièrement riche d'histoire. Une halte aux anciens gîtes d'étape de Ta Meuen permet d'en apprendre davantage sur l'histoire des lieux. La route conduit ensuite jusqu'à Ubon, où vous pourrez apprécier un vrai massage thaï. Dîner en ville pour déguster la cuisine traditionnelle de l'Issan. En soirée, vous pourrez déambuler dans le grand marché de nuit, ouvert du crépuscule à l'aube.

jours 4 et 5

➤ Pibun – Kontiem

Plus à l'est, le petit village de Pibun est l'endroit tout indiqué pour découvrir les dessous de la fabrication artisanale des gongs, une spécialité de la région. Toujours plus à l'est, la frontière avec le Laos apparaît à l'horizon. En chemin, découvrez comment le célèbre fleuve Mékong rencontre la rivière Mun. Les Thaïs sont nombreux ici à venir admirer la beauté du mélange des courants et des couleurs. Remontez la rivière Mun ensuite, à bord d'une pirogue, à la rencontre des pêcheurs des villages des alentours qui confectionnent d'immenses nasses pour attraper les poissons.

jour 6

➤ Kemarat

Kemarat est un grand bourg agricole enraciné au bord du Mékong. La vie quotidienne y suit un rythme séculaire, et vous êtes invité à y prendre part. Savourez les repas partagés avec les habitants, assis en tailleur sur la natte en bambou. Découvrez aussi le *baï sïï* ou «cérémonie du fil sacré». Lors des mariages, un fil sacré relie les mariés l'un à l'autre et aux moines officiants. Avant les départs en voyage également, un très long fil passe de personne en personne, jusqu'à relier entre eux tous les gens présents, qui nouent alors de petites cordelettes à leurs poignets.

jour 7

➤ Mukdahan – Nakhon Phanom

Dès le lever du jour, vous pouvez prendre part à la vie quotidienne des habitants du village et les aider dans leurs tâches si vous le désirez. Puis, dans la matinée, après avoir salué vos hôtes, continuez votre route en direction du nord. En chemin, découvrez Mukdahan, réputée pour la beauté des rives du Mékong et pour son important centre marchand, un bon endroit pour dénicher flûtes traditionnelles, étoffes… Le village de Renu Nakhon, reconnu pour ses cotonnades, en particulier celles ornées de motifs spécifiques à la région,

est une charmante étape avant l'arrivée à Nakhon Phanom. Admirez la vue panoramique sur le Mékong.

jour 8

➤ Sakon Nakhon

Direction la province de Sakon Nakhon en roulant sur un ponton de plus d'un kilomètre de longueur au-dessus des zones marécageuses du lac Nong Han. Visite du site archéologique de Ban Chiang, classé au patrimoine mondial de l'UNESCO. Les fouilles en cours ont mis au jour plusieurs squelettes humains et de très nombreuses poteries dont les plus anciennes remontent à plus de 5 000 ans.

jour 9

➤ Parc de Phra Phuttabaht Bua Bok – Chiang Khan

Le parc de Phra Phuttabaht Bua Bok cache bien des trésors : plusieurs peintures rupestres préhistoriques et des formations géologiques étonnantes. Après la visite, faites route vers Chiang Khan. Sur environ une centaine de kilomètres, empruntez une route locale longeant le Mékong au travers de paysages à couper le souffle : le grand fleuve fait son lit dans un ensemble de gorges remarquables. Puis il se rétrécit, et ses eaux rouges se heurtent avec violence sur les rochers au beau milieu de la rivière. À Chiang Khan, quittez la voiture pour le bateau et sillonnez les eaux tantôt tumultueuses, tantôt tranquilles de ce long fleuve.

jour 10

➤ Chiang Khan – Khon Kaen

Promenade dans la ville de Chiang Khan, ses commerces et son marché local. Puis route en direction de Khon Kaen. Visite de cette grande ville très jeune et active au cœur du pays d'Issan.

Thaïlande

Ayutthaya

jour 11

➤ Prasat Hin Phimai – Phi Mai – Prasat Hin Phanom Wan

Route jusqu'au parc national historique de Prasat Hin Phimai. Prasat Hin Phimai fut jadis l'une des villes les plus importantes d'Asie du Sud-Est sous l'empire d'Angkor. Puis, au nord de Khorat, faites halte à Ban Prasat, le plus ancien site archéologique de la région, où l'on trouve les vestiges d'une société agricole vieille de 3 000 ans. Poursuivez votre chemin jusqu'au Prasat Hin Phanom Wan, un temple d'origine hindoue qui daterait du XIIIe ou XIVe siècle.

jour 12

➤ Ayutthaya

Départ pour Ayutthaya, située à environ 70 km de la capitale. Découvrez la variété des architectures (européenne, khmère, chinoise et thaïe), puis partez en pirogue sur le fleuve Chao Phraya pour enfin pénétrer dans le royaume d'Ayutthaya, capitale du Siam durant des siècles. Observez le bouddha de 17 m de haut datant du XVe siècle.

La Thaïlande à la carte

Royaume de Thaïlande
Capitale Bangkok
Langue officielle Thaï
Religion Bouddhisme (95% de la population)
Étiquette Ne critiquez pas ouvertement le roi.
Un plat *Kaeng chut* (soupe aux légumes, avec crevettes ou porc).
Un artiste Thawan Duchanee, un peintre de renommée mondiale.

mars

10 Madère

Entre samba et marche à pied

boucle au départ de Funchal **nombre de jours** 11

Inoubliable...

- *Danser la samba au carnaval de Madère à Funchal.*
- *Randonner entre mer et montagne.*
- *Descendre au cœur de volcans endormis.*
- *Traverser les hautes crêtes de la cordillère centrale.*
- *Assister au lever du soleil au sommet du Pico do Arieiro.*

Cet itinéraire propose la découverte de l'île de Madère, située dans l'archipel du même nom. Au large du Maroc, Madère est un petit bout de Portugal et de Brésil baignant dans l'océan Atlantique. Découvrez sa végétation tropicale et son paysage accidenté. Ici, les sentiers à flanc de volcans endormis offrent des panoramas grandioses, entre mer et montagne. L'accent portugais chante de village en village, et la fête bat son plein pour le célèbre carnaval de Madère à Funchal!

Pourquoi en *mars*?

Pour participer aux festivités du carnaval à cette époque de l'année et se laisser transporter sur des airs brésiliens, mais aussi pour la douceur du climat à la plage comme à la montagne.

Pipit de Berthelot

Itinéraire

jours 1 à 3

Funchal

Le carnaval de Madère, qui se tient chaque année à Funchal durant le mois de mars, est certainement l'un des plus joyeux d'Europe. Les festivités débutent tôt le matin au son des bandas philharmoniques et durent jusque tard dans la nuit pendant plusieurs jours. Des cortèges défilent dans les rues décorées et illuminées. Prenez part à la fête et laissez-vous entraîner dans cette explosion de joie, au cœur de ce petit Rio de Janeiro!

jour 4

Machico

Pour se reposer après la fête, rien de tel que ce petit village haut en couleur de la côte est. C'est ici qu'abordèrent les premiers explorateurs de l'archipel. Les plages sont idéales pour se prélasser au soleil.

À vos jumelles!

Sanctuaire naturel préservé, Madère est un refuge pour nombre d'oiseaux. Le relief de l'île et ses falaises plongeant dans l'océan permettent d'apercevoir presque simultanément des espèces d'oiseaux marins et de terre, dont certaines sont endémiques. Le pétrel de Madère, le pipit de Berthelot, le pigeon trocaz ou encore l'océanite de Castro comptent parmi les plus beaux spécimens à observer.

jour 5

Pointe São Lourenço – Baie d'Abra

Changement de décor à la pointe est de l'île. La presqu'île de São Lourenço est un formidable terrain de jeu pour les amateurs de randonnée pédestre. La nature sauvage et volcanique y dessine un panorama grandiose où l'aridité des sols contraste avec les embruns marins. Un sentier étroit trace son chemin entre les rochers rouges et le bleu de l'océan. Pour clore la randonnée, offrez-vous une baignade bien méritée dans la baie d'Abra.

Carnaval de Madère

Funchal

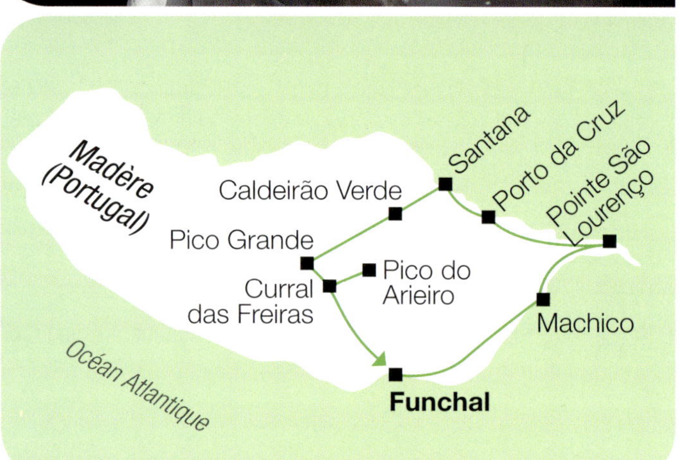

jour 6

Machico – Porto da Cruz – Santana

Attendez-vous à une randonnée pleine de surprises. Le chemin s'étire d'abord tranquillement le long de la Levada do Caniçal. Puis il laisse place à une nature vierge et suit un parcours directement taillé dans la falaise sur la côte nord. À Porto da Cruz, profitez d'une baignade dans une piscine naturelle formée par la lave.

jour 7

Caldeirão Verde – Santana

Partez pour une véritable expédition au centre de la Terre ! Grâce au système des *levadas* creusées dans le sol pour irriguer les terres cultivables dès le XVIe siècle, de profonds sillons permettent de descendre facilement au creux des anciens cratères des volcans Verde et do Inferno. Ces profondes dépressions formées par l'éruption d'anciens volcans sont appelées *calderas*.

jour 8

Plateau Paul da Serra – Levada do Norte

Quittez Santana et ses chaumières de conte de fées en direction du plateau de Paul da Serra, à l'atmosphère lunaire. La marche le long de la Levada do Norte est particulièrement plaisante, et la vallée de São Vicente colore le paysage au loin.

jour 9

Pico Grande – Curral das Freiras

Au départ d'Encumeada, la traversée des crêtes du Pico Grande (1 651 m) a tout d'une aventure. L'ascension de

Pico Grande

la partie supérieure de l'ancienne cheminée volcanique est réservée aux marcheurs aguerris. En soirée, faites étape dans le petit village de Curral das Freiras, entouré de montagnes escarpées.

jour 10 ➤ Pico do Arieiro – Pico Ruivo – Curral das Freiras

Encore une journée mémorable pour aller crapahuter sur les hautes crêtes de la cordillère centrale. C'est en voiture que vous pourrez gravir les 1 818 m du Pico do Arieiro et assister au lever du soleil sur les sommets, les vallées et le littoral environnants. Poursuivez le voyage jusqu'au point culminant de l'île, le Pico Ruivo (1 862 m), puis redescendez dans le vallon de Curral das Freiras.

jour 11 ➤ Funchal

De retour d'expédition, flânez dans le marché aux fleurs et déambulez dans les ruelles pavées.

Madère à la carte

République du Portugal

Capitale Lisbonne

Capitale de la région autonome de Madère Funchal

Langue officielle Portugais

Autres langues Anglais, français

Religion Catholicisme (environ 90% de la population)

Étiquette Essayez de ne pas produire trop de déchets (ils sont longs à traiter dans cette petite île) et utilisez l'eau avec modération (approvisionnement difficile).

Un plat *Bife de atum* ou *bife de espadarte* (darnes de thon ou d'espadon).

Une personnalité Cristiano Ronaldo, footballeur Ballon d'or 2008, est né et a grandi à Funchal.

11 Mexique

Pourquoi en mars?

Du soleil, pas de pluie: la saison sèche qui s'étend d'octobre à avril est le meilleur moment pour partir à l'assaut du Mexique.

Dans les pas de Frida Kahlo

de México **à** Puerto Vallarta **nombre de jours** 11

Inoubliable...

- *Marcher avec émotion sur les traces de Frida Kahlo à travers México.*
- *Découvrir Teotihuacán et les trésors des cultures précolombiennes.*
- *Arpenter les villes coloniales de Guadalajara, San Luis Potosí et Zacatecas.*
- *Se détendre sur les plages de Puerto Vallarta.*

Ce voyage au pays des Aztèques dévoile un autre visage du Mexique, patrie adorée de la flamboyante Frida Kahlo, peintre de génie, et de son mari tout aussi inspirant, le peintre Diego Rivera. Sur leurs traces, poussez la porte de lieux secrets comme l'école où Frida étudia, sa célèbre Casa Azul à México ou encore l'atelier de Rivera à Guanajuato. Puis, dans les plus belles villes du Mexique, riches d'une architecture foisonnante et baroque, familiarisez-vous avec les traditions d'un peuple fier de ses racines et de sa culture. Découverte du site fantastique de Teotihuacán, dont les pyramides semblent toucher le ciel, visite d'une distillerie de tequila, exploration d'anciennes mines d'argent: ce ne sont là que quelques-unes des nombreuses saveurs exotiques au programme de ce voyage.

Xochimilco

Teotihuacán

Frida Kahlo, sa vie

Née en 1907 à Coyoacán au Mexique, Frida Kahlo se démarque très jeune par son anticonformisme et son désir de liberté. Elle fait de brillantes études de médecine et s'engage corps et âme en politique pour son pays qui renaît après la Révolution de 1910. Dès 1928, elle adhère au Parti communiste mexicain et lutte pour l'émancipation des femmes. Elle ouvrira notamment les portes de sa maison au révolutionnaire Léon Trotski, en exil politique, avec qui elle aura une liaison passionnée. Elle témoigne tout au long de sa vie d'une combativité remarquable. Atteinte de poliomyélite depuis sa plus jeune enfance, elle souffre également de douleurs aux vertèbres à la suite d'un terrible accident de tramway. En 1954, elle meurt d'une pneumonie, un an après s'être fait amputer d'une jambe.

Itinéraire

jour 1

➤ México

Explorez la capitale effervescente et captivante du Mexique. Visitez l'école de Frida Kahlo et le Musée national d'anthropologie. On y trouve certaines des pièces les plus importantes des civilisations maya, olmèque, toltèque et, bien sûr, aztèque. Le fameux calendrier aztèque, notamment, est un énorme bloc de pierre de 3 m de circonférence. Ce dernier se révéla tardivement être une effigie du dieu Soleil dédiée aux sacrifices humains. Des milliers de statues, d'objets quotidiens et de culte font de ce musée une étape passionnante pour mieux comprendre les cultures précolombiennes.

jour 2

➤ México – Xochimilco

Visitez le musée Dolores Olmedo, qui rassemble la plus importante collection au monde d'œuvres de Frida Kahlo et de Diego Rivera (plus de 170 peintures). Puis découvrez les jardins flottants de Xochimilco. Ces *chinampas*, comme on les appelle en dialecte local, étaient cultivés par les Aztèques au temps où ils vivaient encore sur le lac de Tenochtitlán. Ils constituent aujourd'hui une promenade agréable, en barque, au son des orchestres de mariachis.

jour 3

➤ México

Faites la visite du quartier de San Ángel, où Diego Rivera a établi sa maison et son atelier. Cet artiste emblématique mexicain est autant connu pour sa relation tumultueuse avec Frida Kahlo que pour son engagement politique prorévolutionnaire et antireligieux. Il a peint de nombreuses fresques grandioses aux thèmes très engagés (ce qui lui a valu de nombreux démêlés avec les autorités) dont la plus connue orne les murs du palais national de México. Découvrez Coyoacán, le quartier des artistes où Frida Kahlo a vu le jour. Visitez sa maison, la célèbre Casa Azul, où elle accueillit notamment son ami, le révolutionnaire russe Léon Trotski.

jour 4

➤ Teotihuacán

Profitez d'une excursion au site archéologique de Teotihuacán, la cité sainte située à une cinquantaine de kilomètres de México. Édifié entre le Ier et le VIe siècle, Teotihuacán, « lieu où sont créés les dieux », se caractérise

Frida Kahlo, son œuvre

Bien que nourrissant un profond intérêt pour l'art, Frida n'avait jamais envisagé d'y consacrer sa vie, avant un accident de tramway survenu à l'âge de 18 ans qui bouleversa le cours de son existence. Alitée, elle commence alors à peindre une série d'autoportraits. Tout au long de sa vie, elle sera souvent contrainte à l'alitement par son corps meurtri qu'elle peindra pour métamorphoser sa douleur en art. Ses autoportraits racontent sa vie, ses souffrances, sa solitude, ses passions amoureuses et ses espoirs. Il s'en dégage une profonde émotion, onirique et fantastique. Le mouvement surréaliste, mené par André Breton, reconnaît en elle une artiste de génie. Elle est invitée à Paris et célébrée par ses pairs. Elle refuse pourtant de se dire surréaliste et déclare : *« Je n'ai jamais peint mes rêves, j'ai peint ma réalité. »*

par les très grandes dimensions de ses monuments, dont les plus célèbres sont le temple de Quetzalcoatl et les pyramides du Soleil et de la Lune, ainsi que par leur ordonnance géométrique et symbolique. Le site fut l'un des plus puissants foyers culturels méso-américains, et il imposa son élan culturel et artistique dans toute la région.

jour 5

San Miguel de Allende

Visitez la ville de San Miguel de Allende, sa cathédrale à l'architecture exceptionnelle et d'autres monuments de styles baroque mexicain et néoclassique. De par sa position, la ville a fait office de creuset où se mêlèrent les influences culturelles espagnoles, créoles et autochtones. Elle a été classée en 2008 au patrimoine mondial de l'UNESCO.

Casa Azul, México

jour 6

Guanajuato

Partez pour Guanajuato, une ancienne ville minière où furent exploités l'or et l'argent durant la colonisation espagnole. Le monument à Pípila, le théâtre Juárez, la basilique, l'université et la maison de Diego Rivera demeurent des visites incontournables.

jour 7

San Luis Potosí

Poursuivez vers San Luis Potosí et visitez sa place d'Armes et sa cathédrale. Ville clé dans l'histoire de l'indépendance du Mexique, San Luis réunit quelques chefs-d'œuvre de l'architecture baroque, dont le retable inouï de l'église del Carmen, tout en démesure.

jour 8

Zacatecas

Visitez le centre historique de Zacatecas, la cathédrale, le mont de la Bufa et la mine de l'Eden. Outre ce patrimoine exceptionnel, la ville recèle également quelques musées splendides : masques traditionnels, art local, sans oublier une collection privée spectaculaire où se mêlent les œuvres de Picasso, Goya et Braque.

Mexique

San Miguel de Allende

jour 9 — Guadalajara

En chemin vers Guadalajara, découvrez la ville de Tequila et dégustez sur place un verre en provenance de la plus réputée des distilleries en ville. À Guadalajara, ville au dynamisme culturel sans pareil, le théâtre Degollado, le palais du gouvernement, l'hospice Cabañas et la cathédrale sont les hauts lieux incontournables.

jours 10 et 11 — Puerto Vallarta

Dans l'une des stations balnéaires les plus agréables et les plus prisées du Mexique, profitez enfin de deux jours de pure détente au bord de l'océan.

Le Mexique à la carte

États-Unis du Mexique

Capitale México

Langue officielle Espagnol

Autres langues Plusieurs dizaines de langues indigènes

Religion Catholicisme (environ 75% de la population)

Étiquette Privilégiez l'espagnol à l'anglais pour rencontrer les populations.

Un plat Un *taco* (une *tortilla* garnie de viande).

Un artiste Carlos Fuentes est un écrivain récipiendaire de plusieurs prix prestigieux, engagé en politique, et également scénariste pour le cinéma mexicain.

12 Bahamas

Pourquoi en mars?

Pour profiter d'une mer plus chaude aux couleurs étonnantes: azur, turquoise et autres bleus se mélangent en un seul et même endroit! C'est également une bonne période pour observer des langoustes, des tortues et même de petits requins (inoffensifs!)

Hissez les voiles!

des Exumas **à** Nassau **nombre de jours** 6

Inoubliable...

- *Se détendre sur le pont du voilier en profitant du soleil et de la brise marine.*
- *Plonger pour admirer la beauté légendaire des fonds marins.*
- *Marcher le long des plages de sable blanc.*

Cet itinéraire présente les plus beaux paysages des Bahamas. À vous les plages de cartes postales, les îlots inhabités, les criques cachées et les marinas tout confort. Idéal pour une expérience en famille enrichissante et reposante! Plus de 100 000 navigateurs sillonnent les Bahamas chaque année, profitant de leurs paysages à couper le souffle en toute tranquillité.

Barbe Noire

Le célèbre pirate anglais Edward Teach, mieux connu sous le pseudonyme de Barbe Noire, avait installé plusieurs quartiers généraux dans les îles des Bahamas autour de 1716. Il vivait alors sur l'île de New Providence, avec la complicité des autorités locales auxquelles il reversait une part de ses butins. À sa mort en 1718 (à l'âge de 38 ans), on raconte qu'il aurait livré une bataille remarquable, à l'épée et au pistolet, face à Robert Maynard, lieutenant de la Royal Navy britannique, et que son corps, une fois décapité, aurait continué à nager autour des navires.

Itinéraire

jour **1**

➤ Exumas

Embarquez à bord de votre voilier et laissez le capitaine vous mener jusqu'aux Exumas, un chapelet d'îles situées à environ 65 km au sud-est de Nassau. Le voyage de six à neuf heures est très facile, et la navigation se fait à vue sur le banc des Bahamas. Première escale à Allen Cay, où vous attendent de belles plages de sable banc et des îles sauvages fréquentées par d'inoffensifs iguanes.

jours **2 et 3**

➤ Highburn Cay

Hissez les voiles vers Highburn Cay, le temps d'une courte navigation. De belles plages de poudre de corail bordent l'île. On y retrouve quelques traces de civilisation : une épicerie, du carburant, une marina et un téléphone public.

jours **4 et 5**

➤ Norman Cay

Norman Cay vous attend après une croisière d'environ trois heures. Pour l'anecdote, l'île a déjà appartenu à des trafiquants de drogue colombiens qui utilisaient la grossière piste d'atterrissage locale. La carcasse d'un DC-8, visible dans 1 m d'eau dans la baie, attire de nombreux poissons tropicaux. C'est l'occasion de découvrir les fonds marins qui font la réputation de l'archipel.

jour **6**

➤ Nassau

Rejoignez Nassau après une croisière de 8 à 10 heures. Profitez de la soirée pour déguster un bon repas au restaurant ou pour vous laisser tenter au casino avant une dernière nuit à bord.

Pour bien s'acclimater au voilier, découvrir plusieurs sites intéressants et se donner quelques moments de détente, il faut compter au moins six jours de vacances. Une seconde semaine ouvre la porte à de nouveaux horizons : les îles au sud de Norman Cay, Stanyard Cay, Staniel Cay et Waderick Well's, font partie des lieux les plus appréciés des navigateurs.

Les Bahamas à la carte

Commonwealth des Bahamas
Capitale Nassau
Langue officielle Anglais
Autre langue Créole
Religions Christianisme baptiste (environ 30% de la population), autres confessions chrétiennes (anglicanisme, catholicisme, pentecôtisme, méthodisme, adventisme), culte vaudou.

Un plat La *souse* (un ragoût de viande et de poisson mijoté aux légumes).
Un artiste Les Baha Men déclinent la musique traditionnelle junkanoo en version moderne. Leur tube *Who let the dogs out?* a remporté un Grammy Award en 2000.

13 Costa Rica

Un périple entre jungles, plages et volcans

de San José **au** Parc national Manuel Antonio **nombre de jours** 10

Inoubliable...

- *Marcher dans la jungle sous les cris des singes hurleurs.*
- *Assister à la ponte des tortues luths en pleine nuit.*
- *Gravir le volcan Arenal.*
- *Profiter des magnifiques plages de sable blanc.*

Le Costa Rica s'est taillé une solide réputation chez les voyageurs amoureux de nature tropicale préservée. Le pays compte en effet une trentaine de parcs nationaux et plus de 180 secteurs protégés, dotés d'infrastructures touristiques conçues pour accueillir les voyageurs les plus sportifs comme les plus contemplatifs. Le voyage débute à Tortuguero, la zone la plus humide du pays, où d'innombrables canaux pénètrent à travers une épaisse végétation tropicale. Il se poursuit vers la zone montagneuse de Monteverde, repaire d'une vie animale mondialement connue. Puis il s'achève en douceur sur de somptueuses plages de sable blanc, bordées d'une forêt tropicale humide.

Pourquoi en mars?

Pour observer les paysages verdoyants créés par les pluies de la saison humide. Mais ne tardez pas, car le vert devient jaune en avril, pour redevenir vert pendant la saison des pluies. Il s'agit également d'un excellent moment pour observer la ponte des œufs des tortues luths dans le parc national de Tortuguero.

Itinéraire

jours 1 et 2 — San José – Parc national de Tortuguero

Tôt le matin, départ de San José, la capitale, pour le parc national de Tortuguero, réputé pour sa faune aussi riche qu'exceptionnelle. Après environ quatre heures de route, c'est par bateau que vous pourrez rejoindre le village principal. Le lendemain, partez au fil de l'eau pour observer la nature à son réveil: singes, paresseux, hérons, toucans et iguanes. Plus loin sur la plage, ne manquez pas les célèbres tortues.

jour 3 — Sarapiquí

Naviguez en bateau sur les grands canaux de Tortuguero vers Caño Blanco, puis prenez un autobus jusqu'à Sarapiquí, situé en pleine jungle. Découvrez l'univers du chocolat, visitez une plantation, apprenez l'histoire naturelle et culturelle du cacao, et assistez au processus de transformation des fèves.

jour 4 — Río Sarapiquí – La Fortuna

Visitez la réserve naturelle La Selva et profitez d'une excursion en rafting sur le Río Sarapiquí. Puis prenez la route vers La Fortuna, petit village dominé par l'imposant volcan Arenal, en éruption ponctuelle depuis 1968.

jour 5 — Volcan Arenal

Visitez la spectaculaire *catarata* (chute d'eau) de La Fortuna, au fond d'un cirque basaltique où la baignade est très agréable. Puis découvrez le parc national du volcan Arenal et ses coulées de lave, depuis l'un des meilleurs belvédères du parc. Baignez-vous aux Ecotermales parmi ses sources chauffées par le volcan (40°C), au milieu de jardins luxuriants.

jours 6 et 7 — Monteverde

Route vers Monteverde. En chemin, ne manquez pas la vue magnifique sur le volcan Arenal. Au gré des sentiers pittoresques, randonnez dans la réserve privée et sa fameuse forêt brumeuse. On y trouve une flore extraordinairement riche, plus de 400 espèces d'oiseaux, dont le magnifique quetzal, plus de 100 espèces de mammifères (singes, tapirs, jaguars, ocelots...), de nombreux batraciens, reptiles

JAN FEV MAR AVR MAI JUN JUL

Tortues luths

La tortue luth est connue comme étant la plus grande tortue existant sur terre, toutes espèces confondues. Sa couleur bleu foncé donne à sa carapace l'apparence du cuir. Depuis plusieurs années, sa survie est menacée. Elle a été classée parmi les espèces en voie d'extinction par l'Union internationale pour la conservation de la nature. Plusieurs facteurs sont en cause : le braconnage dont elle fait l'objet, tout comme la pollution du littoral, et la pêche aux filets dans lesquels elle se prend régulièrement.

Les plages du littoral du Costa Rica demeurent ses lieux de ponte, tout comme l'ensemble de la zone environnante. De nombreux organismes recherchent des volontaires pour les aider dans leur programme de protection et de sensibilisation auprès du public. Au Costa Rica, la tortue luth pond sur la côte Caraïbe de février à juillet et sur la côte Pacifique de septembre à mars.

Volcan Arenal

et insectes. Il est possible aussi d'y faire une sortie nocturne avec un guide naturaliste.

jour 8

Quepos

Route vers la côte Pacifique et Quepos, près du parc national Manuel Antonio.

jours 9 et 10

Parc national Manuel Antonio

Le parc national Manuel Antonio abrite de somptueuses plages de sable blanc, bordée d'une forêt tropicale humide. Les sentiers permettent d'observer une faune remarquable et très présente : coatis, singes, paresseux, pélicans et frégates. À l'entrée, des guides locaux, équipés de lunettes d'observation, proposent leurs services. Les plages du parc sont bien protégées et propices à la baignade. Dans les environs de Quepos, diverses excursions sont possibles : kayak de mer, rafting, balade dans la mangrove d'Isla Damas, excursion dans la canopée, équitation, etc.

Le Costa Rica à la carte

République du Costa Rica

Capitale San José

Langue officielle Espagnol

Religion Catholicisme (environ 75% de la population)

Étiquette Adoptez la devise *Pura Vida* du pays et voyagez sans stress ni préjugés.

Un plat Le *casado* est une assiette de riz, viande, légumes et salade.

Une personnalité L'astronaute Franklin Chang Díaz a effectué sept missions dans l'espace.

avril

14 Équateur

Les îles Galápagos selon Charles Darwin

croisière au départ de l'île Baltra **nombre de jours** 5

Inoubliable...

- *Observer les dauphins et les frégates jouer autour du bateau au coucher de soleil.*
- *Plonger dans les eaux cristallines de Punta Cormorant.*
- *Admirer les fous aux pieds bleus et les autres oiseaux de Punta Suárez (île Española).*

C'est son isolement qui rend l'archipel des Galápagos si merveilleux. La faune et la flore s'y sont développées à l'écart du continent et demeurent une exception écologique, unique laboratoire naturel au monde, protégé aujourd'hui par l'UNESCO. Ces îles volcaniques, situées à 960 km à l'ouest de l'Équateur, sont en réalité les sommets d'énormes volcans sous-marins qui ont émergé de l'océan il y a plusieurs millions d'années. L'archipel est composé de 48 îles et de centaines de rochers marins formant l'épine dorsale d'une cordillère qui court d'est en ouest. Embarquez pour une croisière de rêve à la découverte de ces îles du bout du monde.

➤ Pourquoi en avril ?

Le mois d'avril est l'un des meilleurs moments pour découvrir l'archipel, quand les colonies d'albatros des Galápagos rejoignent l'île d'Española. C'est également la saison d'éclosion des œufs des tortues géantes, des iguanes terrestres et des tortues vertes.

Iguane

Itinéraire

jours **1 à 5**

➤ Croisière en catamaran de luxe aux Galápagos

Pour protéger au mieux les espèces uniques de l'archipel, un système de jachère a été instauré. L'accès à certaines îles est permis certains mois de l'année, puis ces îles sont fermées au public le temps de les laisser se régénérer et permettre l'accès à d'autres îles. Ce système repose sur des études précises non prévisibles. Parmi les nombreuses îles à visiter, voici les plus intéressantes.

Île San Cristóbal : son centre d'interprétation offre une bonne initiation aux îles Galápagos, leur vie terrestre et maritime, leur flore et leur faune.

El León Dormido : il s'agit d'une impressionnante formation géologique, située à une heure de navigation de Puerto Baquerizo Moreno. Sur ses rochers escarpés, on observe de nombreux pélicans.

Fou à pieds bleus

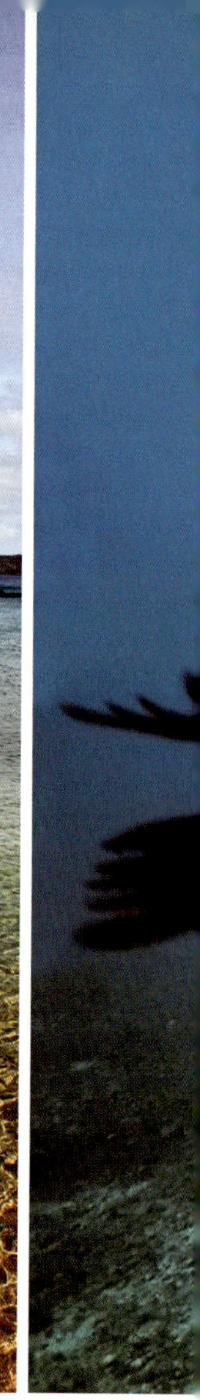

L'évolution des espèces de Charles Darwin

C'est en 1835, lors de son périple à bord du *Beagle*, que le jeune naturaliste anglais Charles Darwin découvre la faune extraordinaire des îles Galápagos. Ici, le temps semble s'être arrêté. Iguanes marins, tortues géantes et surtout pinsons permettent à Darwin d'affiner sa théorie de l'évolution par la sélection naturelle et la pression du milieu. En 1859, il publie son fameux livre *L'origine des espèces* qui va changer le cours des recherches en biologie dans le monde entier. Fait assez controversé à l'époque, Charles Darwin y sous-entend notamment l'idée selon laquelle l'homme ne viendrait pas de Dieu, mais descendrait de plus anciennes espèces telles que les singes.

Île Lobos: cette petite île se trouve à une heure d'embarcation de Puerto Baquerizo Moreno. Phoques et fous à pieds bleus s'y reposent en toute sérénité.

Île Española: la «baie des jardins» abrite une superbe plage pour se prélasser, observer les phoques et nager en leur compagnie. Plusieurs requins croisent au loin.

Île Floreana: elle abrite un site historique peu commun: un simple tronc d'arbre installé par des marins au XVIIIe siècle et utilisé depuis par les marins et touristes comme un bureau de poste. L'idée est bonne: il suffit que les cartes postales soient apportées à leurs destinataires par l'intermédiaire d'un autre voyageur.

Île Charles (Punta Cormorant): cette lagune est certainement l'endroit le plus spectaculaire pour observer les flamants roses des îles. Deux plages ajoutent à la beauté des lieux: l'une de sable blanc et l'autre aux cristaux de couleur verte.

Île Santa Cruz: une parfaite escale pour en apprendre davantage sur la protection et la conservation des îles au centre d'interprétation Charles Darwin.

Plages Bachas: à l'ouest de la plage Caleta Tortuga Negra se trouve un repère pour les tortues venues pondre leurs œufs. Une autre plage permet d'observer plusieurs épaves de navires américains, abandonnés ici pendant la Seconde Guerre mondiale, alors que les États-Unis utilisaient l'île pour protéger stratégiquement le canal de Panamá.

Île Santa Cruz: du haut de l'île, un chemin part et serpente de Bellavista à Juncia. Sous un ciel découvert, il offre de magnifiques paysages de cônes volcaniques recouverts d'herbe tout au long de l'année.

Équateur

Lions de mer

Île Bartolomé : cette petite île est située dans la Bahía Sullivan de l'île Santiago. Il est possible de l'escalader jusqu'au sommet et d'observer une variété de formations volcaniques, depuis les cônes éruptifs jusqu'aux couloirs de lave. Quelques pingouins se réfugient ici à l'occasion.

Baie Sullivan : l'est de l'île de Santiago est connu pour ses paysages volcaniques, où les coulées de lave anciennes et plus récentes s'entremêlent.

Îles Plaza : ces deux petites îles, situées à une courte distance de la côte est de Santa Cruz, cachent une végétation peu commune. Plusieurs des plus intéressantes espèces de l'archipel se trouvent ici. Il est possible d'observer facilement les iguanes terrestres qui se terrent habituellement à l'ombre des cactus ainsi que de nombreuses espèces de poissons, d'oiseaux tropicaux, de phoques et de pélicans sur les récifs.

L'Équateur à la carte

République de l'Équateur

Capitale Quito

Langues officielles Espagnol, quichua et shuar

Religion Catholicisme (environ 95% de la population)

Étiquette Le parc national des Galápagos est soumis à des règles strictes, afin de protéger les espèces vivantes de la détérioration des espaces naturels liée au tourisme. Veillez à toujours respecter ces restrictions.

Un plat Le *ceviche* (poisson mariné dans du jus de citron et quelques aromates).

Un artiste Julio Jamarillo (1935-1978) est un chanteur célèbre dans toute l'Amérique latine. Le 1er octobre, jour de sa naissance, est férié en Équateur en son honneur.

15 Ouzbékistan

Au pays des grands conquérants

boucle au départ de Tachkent **nombre de jours** 17

Inoubliable...

- *Parcourir la mythique Samarcande.*
- *Découvrir d'autres villes timourides célèbres: Boukhara la Sainte et Khiva.*
- *Partager le thé avec un berger des montagnes et savourer son hospitalité.*
- *Randonner au cœur des monts Pamir.*

Au cœur des steppes d'Asie centrale, là où les plus grands conquérants ont laissé leur empreinte, d'Alexandre le Grand à Gengis Khan en passant par Tamerlan, partez à la rencontre d'un pays méconnu mais ô combien attachant. Marchez sur les traces des antiques caravanes le long de la Route de la soie, admirez le patrimoine architectural exceptionnel des villes mythiques de Samarcande et Boukhara, et découvrez l'étonnante diversité de l'Ouzbékistan actuel.

Pourquoi en avril?

Pour éviter les grandes chaleurs dans la région de Boukhara et de Khiva.

Samarcande

Itinéraire

jour 1

Tachkent

La capitale d'Ouzbékistan offre une parfaite initiation au pays avec son bazar de Chorsu haut en couleur et sa madrasa Koukeldash datant du XVIe siècle (une madrasa est une école religieuse).

jour 2

Khiva

Khiva était jadis la capitale du Khanat, et son marché, l'un des plus florissants le long de la Route de la soie. Elle est aujourd'hui une étape incontournable au cœur de l'oasis de Khorezm. Sa vieille ville intérieure, aussi appelée Itchan Kala, s'étend entre des fortifications d'argile rose et permet de se replonger dans l'atmosphère d'antan. Découvrez la mosquée de Vendredi et son minaret du XIe siècle, ou encore la madrasa d'Islom Khoja (XIXe siècle).

Tamerlan

Connu comme l'un des conquérants les plus sanguinaires ayant jamais existé, Tamerlan (1336-1405) naquit non loin de Samarcande, dans l'actuel Ouzbékistan. Jeune, il fut estropié au combat et conserva une blessure qui le fit boiter tout au long de sa vie. De ce trait particulier lui vient son nom, Timur Lang, c'est-à-dire «Timur le Boiteux», qui devint Tamerlan en Occident. Ce handicap, s'il l'empêchait de marcher trop longtemps, ne le privait pas de prendre part aux combats, à cheval toujours. Il multiplia ainsi les batailles, se montrant cruel et sans pitié face à ses adversaires, n'hésitant pas à massacrer des villes et villages entiers, incluant femmes et enfants. Les historiens nuancent ce tableau monstrueux en ajoutant qu'il était, parallèlement, un grand amateur d'arts et de lettres et qu'il fit énormément pour la prospérité et la beauté de la ville de Samarcande. Il fonda la grande dynastie des Timurides, et bâtit jusqu'à sa mort un empire immense, allant de l'Inde jusqu'à la mer Méditerranée.

Ouzbékistan

jours 3 à 5

Boukhara

Empruntez ensuite la route qui longe le fleuve Oxus (aujourd'hui Amou-Daria) en direction est, à travers le désert de Kyzyl Kum, jusqu'à la mythique Boukhara, située dans la vallée de Zerafshan. La ville fait partie de ces lieux qui font rêver par leur simple évocation. Autrefois, elle était l'une des cités les plus importantes sur la Route de la soie. Tous les commerçants s'y précipitaient pour vendre leurs marchandises, notamment tapis et bijoux. Bien que l'islam n'y soit pas né, elle fut un foyer important de son développement, et abrite des centaines d'écoles coraniques, et autant de mosquées et de tombeaux de saints.

jour 6

Nourata

Nourata est une grande oasis alimentée par une source sacrée. Vous y verrez les ruines de sa forteresse foulées par les troupes d'Alexandre le Grand, puis la mosquée Panjvakhta du XVIe siècle, le mausolée du cheikh Abdoul Hasan Nouri (VIIIe siècle) et enfin les *kariz*, d'ingénieux systèmes d'irrigation en plein désert. Après cette journée bien remplie, profitez de l'hospitalité légendaire des Ouzbeks et reposez-vous chez l'habitant.

jour 7

Lac Aidar Kul – Forige

De Nourata, faites route vers le nord-est pour rejoindre le lac Aidar Kul. Rencontrez les pêcheurs puis, en fin de journée, rendez-vous au village de montagne de Forige, « Paris » en ouzbek. Tamerlan donnait aux villages autour de Samarcande des noms de célèbres villes étrangères, car il voulait que son pays domine le monde. Passez une nuit chez l'habitant et faites vos premières rencontres avec les montagnards ouzbeks.

jour 8

Tepakoul

Au programme de cette courte journée de randonnée : petits villages, traversée d'un ruisseau à gué, col de montagnes, sommets du Pamir au loin, bergeries d'alpage et soirée chez l'habitant dans le village de Tepakoul.

jour 9

Randonnée jusqu'à Taragay

Il faut partir très tôt… mais la journée de randonnée sera magnifique ! D'abord, exécutez une montée tranquille par un sentier facile et bien tracé qui suit la vallée. Puis, vous atteindrez de superbes alpages où les bergers se sont installés avec leurs troupeaux de chèvres et de moutons pour la belle saison. Pique-niquez près d'une source fraîche. Le chemin de descente suit un vallon rocheux et étroit, puis la vallée s'élargit. À Taragay, village natal du père de Tamerlan, vous retrouverez la vie et l'architecture traditionnelles des villages de montagne. Partagez une soirée agréable avec vos hôtes.

Boukhara

jour 10

Shakhrisabz

Prenez la route en direction de Shakhrisabz, ville natale de Tamerlan. Ce dernier fit édifier l'immense palais blanc Ak-Saray (XIVe siècle), dont les impressionnants vestiges du portail offrent un décor de faïence sans pareil.

jours 11 à 14

Samarcande

Le périple se poursuit sur les traces de Tamerlan. Samarcande fut son œuvre la plus importante et la capitale de son empire : il y fit construire des monuments parmi les plus somptueux d'Asie centrale. Découvrez les merveilleuses madrasa décorées de faïence, la célèbre mosquée de Bibi Khanum et le tombeau des grands conquérants qui abrite sa dépouille.

jour 15

Tashkent – Ferghana – Margilan

Prenez le train en direction de Tashkent, puis envolez-vous vers la région de Ferghana et Margilan, célèbre pour sa longue tradition séricicole. Visitez de la Yodgorlik, une fabrique traditionnelle de soie.

jour **16**

Kokand

Kokand était jadis la rivale de Samarcande et de Boukhara. Découvrez ses trésors méconnus, depuis le palais du dernier khan jusqu'aux bazars chatoyants.

jour **17**

Kamchik Pass

La route pour Tashkent passe par le Kamchik Pass (col) et dévoile au passage de sublimes paysages.

L'Ouzbékistan à la carte

République d'Ouzbékistan

Capitale Tachkent

Langue officielle Ouzbek

Religion Islam (environ 90% de la population)

Étiquette Dans ce pays de grande hospitalité, il serait mal venu de refuser une invitation à partager un repas ou un verre.

Un plat Le *plov* (un plat à base de viande de mouton et de riz, agrémenté d'oignons et d'épices).

Un artiste Sherali Jouraev est un chanteur traditionnel ouzbek. Jadis proche du président Islom Karimov, il affiche aujourd'hui des opinions plus contestataires.

16 Japon

Pourquoi en avril?

On y voit les sakuras (cerisiers en fleurs) à Tokyo, Kyoto et Hiroshima au début du mois, et un peu plus tard en avril dans les autres régions plus au nord (Alpes japonaises Takayama, Nikko). C'est l'occasion d'assister aux danses des cerisiers (Miyako Odori) des geishas.

Printemps japonais

boucle au départ de Tokyo

nombre de jours 17

Inoubliable...

- *Se baigner dans des sources d'eau chaude tout en admirant le mont Fuji.*
- *Admirer les cerisiers en fleurs à Kyoto.*
- *Se laisser porter par le tourbillon de Tokyo.*
- *Participer au festival de Takayama.*
- *Se rendre sur les lieux chargés d'histoire à Hiroshima.*

Geishas, mont Fuji, technologie de pointe, quartiers illuminés, Hiroshima, temples anciens… autant d'images qui font du Japon un pays si fascinant. Voici un pays où l'ancien rejoint le moderne. Arpentez les rues de la très énergique Tokyo, en découvrant ses multiples quartiers. Puis délassez-vous dans les célèbres sources thermales d'Hakone. Takayama et son fameux festival vous attendent ensuite pour fêter l'arrivée du printemps. Soyez témoin de ce grand événement annuel avant de vous plonger dans la très traditionnelle Kyoto. Cours de calligraphie japonaise, essayage de kimono et visites de temples sont au menu. Terminez le voyage par la visite d'Hiroshima et son émouvant mémorial de la paix.

Tokyo

Kamakura

Itinéraire

jour 1 › Tokyo

Au menu de la capitale: quartiers traditionnels de Shitamachi, néons multicolores du centre-ville, districts de geishas, karaokés ludiques, gratte-ciel gigantesques, échoppes traditionnelles, écrans géants, temples anciens et magasins de produits électroniques et informatiques.

jour 2 › Tokyo: Palais international et Akihabara Electric Town

Le fameux pont Nijubashi marque l'entrée du palais, encerclé de douves et de miradors. C'est ici que réside la famille impériale. Faites une promenade dans les magnifiques jardins qui entourent le château. Puis changez de décor et dirigez-vous vers le quartier de l'électronique. Autour de l'avenue de Chuo Dori, des centaines de magasins regorgent de gadgets en tout genre. On y trouve de tout, de la plus petite pièce détachée dans un bazar au coin d'une rue jusqu'aux ordinateurs dernier cri hors taxes dans les centres commerciaux gigantesques.

jour 3 › Tokyo: marché aux poissons de Tsukiji

Rendez-vous à l'aube pour la visite de ce marché aux poissons débordant d'animation. Puis rejoignez le célèbre jardin de Hama-Rikyu, typique de la période d'Edo et du shogunat des Tokugawa. En soirée, découvrez le Shinjuku, le centre d'affaires de Tokyo. Si un quartier est réservé aux gratte-ciel et bureaux, un autre s'anime en soirée et offre une occasion inégalée de prendre part aux nuits festives de la capitale. Pour terminer la soirée, Roppongi est l'autre lieu branché de la ville.

Vous pouvez également visiter Shibuya, le berceau de la culture populaire japonaise où se mêlent bars, restaurants et cinémas, ou encore le quartier d'Harajuku où se retrouvent les jeunes en tenues excentriques.

jour 4 › Kamakura

À une heure de train de la capitale, la ville de Kamakura et son grand bouddha de bronze s'étendent paisiblement au bord de l'eau. De nombreux temples, datant du XIIe siècle pour certains, témoignent d'un héritage historique de premier ordre.

Japon

jour 5

➤ Hakone – Mont Fuji

Au cœur des montagnes du parc national de Fuji-Hakone-Izu, embarquez pour une croisière sur le lac Ashinoko. Par beau temps, la silhouette parfaite du mythique mont Fuji s'y reflète. Partez ensuite à la découverte de l'ancien cratère du mont Kamiyama et de ses fumerolles aux odeurs de soufre. L'ambiance est irréelle, comparable à un paysage lunaire. En fin de journée, profitez d'un bain dans les sources d'eau chaude d'Hakone, réputées pour leurs vertus curatives.

jours 6 et 7

➤ Takayama

Chaque année, au printemps et à l'automne, la petite ville de Takayama est le théâtre de défilés hauts en couleur, où tambours, danseurs masqués, marionnettes, cloches ou encore chapeaux décorés de plumes d'oiseaux s'animent devant une foule venue de tout le pays. À la nuit tombée, des centaines de lanternes en papier illuminent le ciel.

jour 8

➤ Gokayama – Shirakawa-go

Classés au patrimoine mondial de l'UNESCO, les villages de Shirakawa-go et Gokayama abritent des maisons en bois au charme incomparable. Leur toit pentu permet de supporter les importantes précipitations de neige, fréquentes dans cette région montagneuse.

jour 9

➤ Kanazawa – Kyoto

Le Japon est connu pour avoir donné naissance à des parcs et à des jardins d'un raffinement légendaire. Le jardin Kenrokuen fait sans conteste partie des plus beaux jardins du pays. En poursuivant votre route, vous arrivez à Kyoto et ses 2 000 temples et sanctuaires. Découvrez le célèbre quartier de Gion, son architecture historique et les *maikos* (apprenties geishas) qui arpentent ses rues. Sur les hauteurs, le palais impérial et le château de Nijo dominent la ville. Promenez-vous dans les jardins zen et goûtez à la cuisine *kaiseki*.

jours 10 à 12

➤ Kyoto: temples, cérémonie du thé et kimono

Consacrez votre journée à la découverte des plus beaux temples et jardins situés dans la partie nord de Kyoto. Visitez le temple de Kinkaku-ji, ou « pavillon d'Or » en référence aux nombreuses feuilles d'or qui le recouvrent et devant lequel s'étend un magnifique jardin, ainsi que celui de Ryuan-ji, dont le jardin est un modèle zen. Participez à une cérémonie du thé. Le lendemain, prenez le temps de marcher le long du chemin des philosophes, entre les temples de Nanzen-ji et de Ginkaku-ji. Pour clore en beauté la découverte de la ville, prenez part à une séance d'habillage en kimono traditionnel et à un premier cours de calligraphie.

Miyajima

La cérémonie du thé

L'instant du thé, ou *chanoyu*, est comme une chorégraphie dans laquelle chaque geste porte en lui l'harmonie, la pureté et la sérénité du moment. Les pavillons de thé reflètent cet état d'esprit: la décoration y est minimaliste. Le vide et le silence entourent de beauté les éléments de décoration choisis avec grand soin: une peinture au mur, un joli bol et quelques fleurs. La cérémonie s'inscrit dans le courant de pensée du bouddhisme zen. Traditionnellement, participer à une telle cérémonie requiert un savoir des gestes minutieusement observés. De la même manière, donner une cérémonie de thé est le fruit d'un travail de précision qui peut prendre des années.

jour 13

➤ Nara

Partez en train à la découverte de Nara, son célèbre bouddha géant du temple Tôdai-ji, le sanctuaire de Kasuga-taisha et le parc de Nara. Le Daibutsu, la célébrissime statue de Bouddha datant de l'an 752 et haute de plus de 48 m, est la plus grande statue en bois au monde.

jour 14

➤ Le mont Koya

Au sommet du mont Koya, à 900 m d'altitude, 120 monastères forment un ensemble religieux hors du commun classé au patrimoine mondial de l'UNESCO. Vous pouvez y apprendre la méditation zen, goûter un plat végétarien et passer la nuit sur place.

jour 15

➤ Okayama

Consacrez une partie de la journée à la découverte d'Okayama, ville seigneuriale entre les XVIe et XIXe siècles.

Mont Fuji

Poursuivez ensuite jusqu'au village de Kurashiki, pour découvrir le quartier Bikan et le musée d'art Ohara.

jour 16

➤ Hiroshima – Miyajima

Tristement célèbre, la ville d'Hiroshima a été le lieu du premier bombardement à l'arme nucléaire au monde. Visitez l'A Bomb Dome, le musée mémorial de la paix et le parc de la ville. Puis, prenez le train vers Miyajimaguchi et empruntez un traversier en direction de l'île de Miyajima, où vous visiterez le majestueux temple Itsukushima.

jour 17

➤ Miyajima – Hiroshima – Tokyo

Reprenez le traversier vers Hiroshima, puis regagnez Tokyo en train rapide.

Le Japon à la carte

Japon

Capitale Tokyo

Langue officielle Japonais

Religion Shintoïsme (environ 85% de la population)

Étiquette Ne serrez pas la main pour dire bonjour. Mieux vaut se saluer traditionnellement, en se penchant légèrement vers l'avant. Plus la personne en face est importante, plus on se penche.

Un plat Le *sukiyaki* (fondue traditionnelle, où l'on plonge des morceaux de viande, dans un mélange de sauce et de jaune d'œuf).

Un artiste Hayao Miyazaki est un célèbre dessinateur de mangas et un réalisateur de films d'animation japonais.

17 Australie

Plongée *Down Under*

de Sydney **à** Fitzroy Island **nombre de jours** 16

Inoubliable...

- *Se promener en traversier dans la superbe baie de Sydney.*
- *Rencontrer koalas et kangourous.*
- *Admirer le coucher de soleil sur le célèbre Uluru.*
- *Se baigner autour de la Grande Barrière de corail.*

Ce voyage en Australie vous mènera des quais animés de Sydney aux eaux turquoise de la Grande Barrière de corail, en passant par les terres rouges du Territoire du Nord (l'*Outback* aborigène). Un itinéraire à la découverte des plus beaux paysages de ce pays-continent, avec comme moments forts la visite du site d'Uluru et une plongée parmi les poissons multicolores.

Pourquoi en avril ?

C'est un bon moment pour visiter le nord (fin de la saison des pluies), le sud (c'est l'automne, et les températures sont encore douces) et le centre (après les grandes chaleurs). L'océan, pour la plongée à la Grande Barrière de corail, est encore très agréable (autour de 27°C) à cette période de l'année.

Sydney

Itinéraire

jours 1 à 3

Sydney

Étalée autour de l'une des baies les plus spectaculaires du monde, Sydney est la plus grande et la plus ancienne ville de l'Australie. Au milieu de cette baie que l'on parcourt en traversier se dressent le Sydney Opera House, à l'architecture mondialement célèbre, et le pont en acier Harbour Bridge, autre symbole de la ville. Ne manquez pas non plus le quartier historique des Rocks, le faubourg de Paddington, d'époque victorienne, et bordant le Pacifique à l'entrée de la baie, les superbes plages de Manly et de Bondi, rendez-vous des surfeurs.

jour 4

Blue Mountains

Partez en excursion dans cette chaîne de montagnes qui s'étire à 100 km à l'ouest de Sydney : c'est la brume bleutée issue de l'évaporation de l'huile des eucalyptus qui lui a donné son nom. Malgré sa faible altitude (1 100 m), ce massif habité par les aborigènes pendant environ 14 000 ans semblait infranchissable pour les premiers colons. Il est creusé

Uluru

Uluru

Uluru, également appelé «Ayers Rock» par les Anglais, est le deuxième plus grand monolithe au monde (après le mont Augustus, aussi situé en Australie). Il s'élève, totalement isolé en plein cœur de la plaine rouge de l'*Outback*, à une hauteur de 348 m (860 m par rapport au niveau de la mer).

Uluru est avant tout un site sacré pour les aborigènes. Selon leurs traditions, le rocher est une des étapes du chemin parcouru par les ancêtres au «temps de rêves» (période de la création du monde). L'origine de cette création diverge selon les sources, les aborigènes conservant leurs traditions et leurs rites cachés pour les protéger du monde extérieur. Aujourd'hui encore, les cérémonies se déroulent dans des lieux tenus secrets, autour du rocher. Les aborigènes ne l'escaladant pas, pour ces raisons, il est fortement recommandé aux visiteurs de faire de même (bien que l'ascension ne soit pas formellement interdite).

Au coucher du soleil, cet incroyable rocher de grès prend des couleurs magiques, passant de l'orange au rouge flamboyant. C'est le clou de la visite pour les quelque 400 000 personnes qui s'y pressent chaque année. Les violents orages qu'attire parfois Uluru ajoutent à sa beauté mystique.

Uluru est protégé par un parc national depuis 1977. Il est aussi classé site naturel et culturel au patrimoine mondial de l'UNESCO. Depuis 1985, le gouvernement australien a rétrocédé la propriété d'Uluru aux aborigènes Anangu.

de profondes gorges où l'on peut randonner au milieu d'une végétation luxuriante. Au programme: les rochers des Three Sisters, le Katoomba Scenic Railway (400 m de dénivelé, avec une pente maximale à 52°) et des panoramas sublimes.

jours 5 et 6

➤ Melbourne

Envolez-vous vers Melbourne. Régulièrement classée comme l'une des villes où il fait le mieux vivre au monde, Melbourne est une métropole branchée et cosmopolite qui, entre ses gratte-ciel, ses édifices victoriens et ses magnifiques jardins publics, regorge de restaurants réputés, de bars animés et de boutiques de qualité. Côté culture, visitez le musée de Melbourne, le plus grand du pays.

jour 7

➤ Uluru (Ayers Rock)

Prenez un vol pour Alice Springs, au cœur de l'*Outback*, puis suivez la route en direction d'Uluru (aussi appelé «Ayers Rock»). Ce rocher sacré s'élève majestueusement à 348 m au-dessus d'une plaine de sable rouge. Visitez le site au coucher de soleil. La base du rocher (10 km) peut être explorée à pied ou en voiture. Combinez la balade avec

Kings Canyon

une visite du centre d'information situé à l'entrée du parc, pour mieux comprendre les croyances aborigènes. L'idéal étant bien sûr de retenir les services d'un guide aborigène pour découvrir le site.

jour 8

Kata Tjuta (monts Olga)

Situés à 30 km environ d'Uluru, les monts Olga font partie du même parc national et sont faits de grès comme le monolithe d'Uluru, mais à un stade d'érosion plus avancé. En résulte un ensemble spectaculaire de 36 dômes, dont le plus haut culmine à 1 000 m. Magique au lever comme au coucher du soleil ! Quand il fait chaud, partez au petit matin pour randonner entre les monts, dans la vallée des Vents.

jour 9

Kings Canyon

Dirigez-vous vers le Kings Canyon, pour un défilé spectaculaire aux parois rouges de plus de 100 m de haut. Pour découvrir ces paysages naturels impressionnants, un chemin permet de faire le tour du canyon, en grimpant d'abord au sommet des falaises avant de descendre dans le fond de la vallée : là s'étend le « Jardin d'Éden », dont la végétation luxuriante et les cascades offrent une halte rafraîchissante.

jour 10

Kings Canyon – Alice Springs – Tennant Creek

Parcourez le désert de l'*Outback* sur la célèbre Stuart Highway, qui traverse l'Australie du nord au sud sur près de 3 000 km. En chemin, arrêtez-vous pour déjeuner à Barrow Creek, un vieux pub (l'un des premiers) typique de la région ; et découvrez les Devil's Marbles, d'énigmatiques rochers ronds (parfois en équilibre) au milieu du désert.

jour 11

Tennant Creek – Katherine – Kakadu

Direction le nord tropical ! Mais visitez d'abord les piscines naturelles de Mataranka, envahies par des chauves-souris géantes, et les gorges de Katherine, que l'on découvre à bord d'un canot.

jours 12 et 13

Kakadu

Le parc national de Kakadu, mondialement connue pour sa faune tropicale, abrite aussi une grande concentration de peintures rupestres aborigènes. Aux premières lueurs du jour, partez en croisière sur la rivière Yellow Water : dans

Australie

la fraîcheur du matin, quelque 280 espèces d'oiseaux (du minuscule martin-pêcheur au grand pélican en passant par le fameux kookaburra) s'ébattent dans ses marais, sous les yeux des crocodiles d'eau de mer et d'eau douce (c'est ici que fut tourné le film *Crocodile Dundee*!).

jours **14 et 15**

➤ Grande Barrière de corail

Envolez-vous vers Cairns. Capitale mondiale de la pêche hauturière au marlin, Cairns est la principale porte d'accès à la Grande Barrière de corail. Mettez votre séjour sous le signe de la plongée : le plus grand récif corallien du monde (350 000 km²) et ses eaux turquoise sont à portée de palmes ! Une merveille naturelle à découvrir avec un club de plongée ou tout simplement avec masque et tuba.

jour **16**

➤ Fitzroy Island

Visitez une île de rêve au large de Cairns et au milieu de la Grande Barrière de corail. C'est l'apothéose de votre séjour et l'occasion de profiter en toute quiétude du soleil et de la mer. Au programme : plages de sable blanc, plongée parmi les poissons multicolores, randonnée dans la forêt tropicale… et ambiance festive le soir.

L'Australie à la carte

Commonwealth d'Australie

Capitale Canberra

Langue officielle Anglais

Religion Christianisme (environ 70% de la population)

Étiquette Par respect pour les croyances aborigènes, n'escaladez pas le rocher sacré Uluru et n'y prélevez pas de pierres. Aussi, évitez de prendre les aborigènes en photo sans leur autorisation.

Un plat *Barramundi* (un poisson, cuisiné en *fish and chips*).

Un artiste L'écrivain Patrick White, Prix Nobel de littérature en 1973.

mai

18 États-Unis

➤ Pourquoi en mai?

Pour éviter les grandes chaleurs estivales et les risques d'ouragan (en automne).

Key West

Sur les traces d'Hemingway

de Miami **à** Key West **nombre de jours** 6

Inoubliable...

- *Rouler, cheveux au vent, le long de l'Overseas Highway.*
- *Plonger en apnée au large de Key Largo.*
- *Boire un verre au Sloppy Joe's, le bar préféré d'Hemingway.*
- *Pêcher au large de Key West.*

Un climat tropical, une eau turquoise et une ambiance unique: voici les Keys! Cet archipel de 1 700 îles se termine à Key West, le point le plus au sud des États-Unis continentaux. Cette charmante ville aux maisons de style victorien et aux jardins luxuriants attire depuis toujours les artistes et écrivains en quête d'inspiration. Le plus célèbre d'entre eux demeure sans conteste Ernest Hemingway, lauréat du prix Nobel de littérature, qui y vécut pendant près de 10 ans et y laissa une profonde empreinte... De la découverte des Keys en voiture décapotable au farniente en bord de mer, voici un itinéraire pour découvrir une Floride moins courue.

Ernest Hemingway

Les Neiges du Kilimandjaro, Pour qui sonne le glas, Mort dans l'après-midi, L'Adieu aux armes, Les Vertes Collines d'Afrique… **C'est à Key West qu'Hemingway aurait écrit près de 70 % de son œuvre. Son roman le plus connu, *Le Vieil Homme et la mer*, raconte l'histoire d'un vieux pêcheur cubain et d'un immense espadon. En quelques pages (le roman est très court), Hemingway y décrit leur combat lors d'une mémorable sortie en mer. Cet écrivain célèbre (1899-1961) a remporté le prix Nobel de littérature en 1954, récompensant ainsi l'ensemble de son œuvre.**

Itinéraire

jour 1

➤ Miami – Key Largo

Au départ de Miami, prenez la direction de Key Largo en voiture décapotable. Le fameux bateau *African Queen*, du film éponyme, est amarré dans les eaux turquoise bordant la presqu'île. Sa visite est l'occasion d'un voyage sur les traces d'Humphrey Bogart et de Katharine Hepburn, au temps de leurs aventures sur le continent africain. On peut même y faire de courtes croisières. L'endroit est également idéal pour s'initier à la plongée en apnée.

jour 2

➤ Overseas Highway

Continuez jusqu'à la pointe sud de la Floride, Key West, à seulement 150 km de Cuba. La route se déploie entre l'océan Atlantique et le golfe du Mexique, dévoilant au passage des panoramas inoubliables. En chemin, plusieurs haltes sont possibles. Après avoir franchi le Seven Miles Bridge, faites une pause au Bahia Honda State Park, qui permet de profiter de l'une des plus belles plages des États-Unis. Moins connu, Big Pine Key est le meilleur endroit pour apercevoir les fameux *Key deers*, ces cerfs de petite taille (60 cm en moyenne) qui vivent dans les Keys et que l'on considère comme menacés d'extinction.

jours 3 à 6

➤ Key West

Découvrez la vieille ville de Key West à travers ses rues étroites. Admirez les jolies maisons et jardins où abondent les hibiscus et les lauriers roses. Allez visiter la maison où résida Hemingway de 1931 à 1940, l'une des seules encore en pierre de la vieille ville. C'est dans le jardin, doté de magnifiques fontaines, que l'écrivain hébergeait une centaine de chats. Selon la légende, on peut toujours y admirer une soixantaine de leurs descendants !

Ne manquez pas également d'aller vous détendre devant un verre au Sloppy Joe's, le bar préféré d'Hemingway. Il en aurait été l'un des meilleurs clients, et l'on y aurait même retrouvé certains de ses manuscrits longtemps après sa mort. Les amateurs de pêche en haute mer seront ravis d'apprendre que l'écrivain pratiquait cette activité avec passion au large des Keys. Bien que l'espadon soit aujourd'hui plus rare qu'en son temps, on y fait toujours de belles prises.

Si vous préférez, vous pouvez déambuler dans Key West à vélo ou en scooter et pousser votre découverte jusqu'à Bahama Village, quartier aux bâtiments joliment colorés. Et surtout, n'oubliez pas de vous arrêter un moment pour profiter des légendaires couchers de soleil qui offrent chaque soir un spectacle époustouflant.

Les États-Unis – Key West à la carte

États-Unis d'Amérique

Capitale Washington, D.C.

Langue officielle Anglais

Religions Protestantisme (50% de la population) et catholicisme

Un plat Poisson en colombo (la cuisine des Caraïbes est très présente dans la région des Keys).

Un artiste Ernest Hemingway a vécu plusieurs années à Key West, où il a écrit la majorité de son œuvre, et notamment *En avoir ou pas*, une description de la ville pendant la Grande Dépression.

19 Vanuatu

➤ Pourquoi en mai ?

Le saut du Gaul prend place chaque samedi entre avril et juin. La période propice pour un voyage au Vanuatu est de mai à novembre, à la saison sèche. Il faut éviter la période de décembre à avril : c'est la saison des pluies et des ouragans.

Le saut du Gaul

de l'île d'Efaté **à** l'île de Pentecôte **nombre de jours** 6

Inoubliable...

- *Écouter les Vanuatais raconter leurs légendes sur l'île d'Efaté.*
- *Profiter des plages de sable noir sur l'île de Tanna.*
- *Assister aux cérémonies du saut du Gaul sur l'île de Pentecôte.*

Le saut du Gaul est l'un des rituels les plus spectaculaires du Pacifique. Il se déroule sur l'île de Pentecôte, l'une des 83 îles composant l'archipel du Vanuatu. Cette cérémonie impose le respect, célèbre la récolte de l'igname et représente un rite de fertilité pour les hommes. Chaque année, ceux-ci construisent une tour d'environ 35 m avec du bois récolté en forêt. Le saut du Gaul, aussi appelé « Nagol », consiste à escalader cette tour, à se nouer une liane autour des chevilles puis à se lancer dans le vide. Les hommes apportent un soin tout particulier au choix de leur liane, qui doit être bien résistante et mesurer exactement la longueur requise, au centimètre près, pour ne pas se briser le cou ! Cet itinéraire hors du commun propose également la découverte de deux autres îles, Efaté et Tanna, perles du Pacifique.

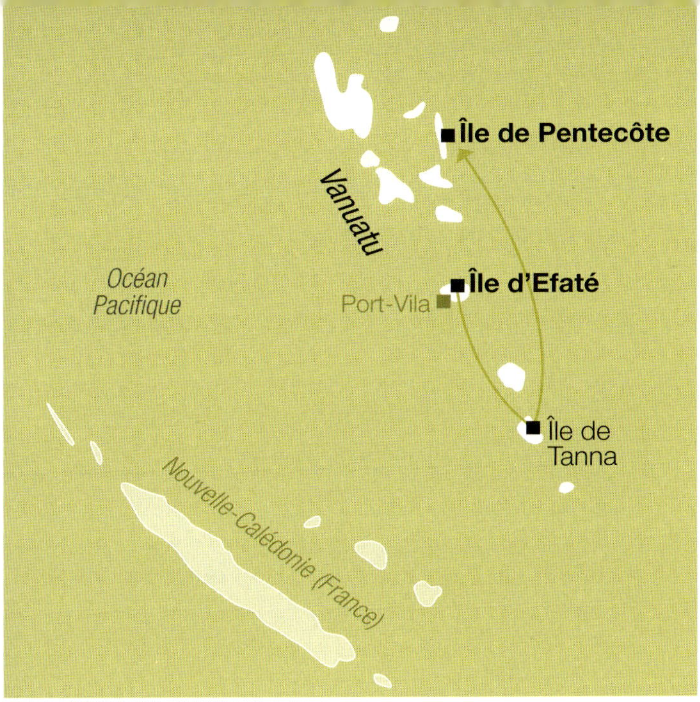

L'origine du saut du Gaul

Une légende raconte que c'est une femme qui est à l'origine de ce rite. Celle-ci courait à travers le village pour échapper à son mari avec qui elle ne souhaitait pas consommer le mariage. Elle imagina alors une ruse: elle grimpa au sommet d'un banian, cet arbre gigantesque symbole de l'archipel, se noua discrètement les chevilles à l'aide d'une liane et sauta dans le vide. Son mari la suivit pour l'attraper, mais se tua en heurtant violemment le sol. Depuis, seuls les hommes pratiquent le saut du Gaul, pour retrouver leur honneur déchu auprès des femmes qui les observent.

Itinéraire

jours **1 et 2**

➤ Île d'Efaté

Efaté est l'île principale de l'archipel. Visitez les villages d'Eton, protégés au creux d'une baie par une barrière de corail: Pang Pang, aux eaux scintillantes, et Havannah Harbour, un port naturel spectaculaire. Écoutez les Vanuatais raconter leurs légendes parmi de grands banians. Visitez le musée de la Seconde Guerre mondiale pour mieux comprendre les nombreuses batailles qui y ont eu lieu.

jours **3 et 4**

➤ Île de Tanna

L'île de Tanna profite d'une nature généreuse à la végétation dense, entre ses magnifiques plages de sable noir et son volcan encore actif, le célèbre Yasur. Ici, les tribus ont gardé un style de vie traditionnel. Découvrez l'île à dos de cheval, à la rencontre des villages coutumiers. Puis, en soirée, dirigez-vous vers le Yasur, en progressant au cœur d'un véritable paysage lunaire. Les derniers mètres jusqu'au sommet du cratère en ébullition se font à pied, pour profiter du spectacle volcanique en même temps que du coucher de soleil, un moment unique et magique! Au pied du volcan, un petit bar récompense vos efforts par un verre de kava, boisson traditionnelle du pays.

jours **5 et 6**

➤ Île de Pentecôte

Pentecôte s'étire du nord au sud sur environ 60 km. Elle doit son nom à l'explorateur et navigateur français Bougainville, qui fut le premier à la découvrir, lors de la Pentecôte, le 22 mai 1768. Il lui donna simplement le nom de cette fête chrétienne, soit «Pentecôte». C'est ici que se tient l'impressionnante cérémonie du saut du Gaul. Même en tant que simple spectateur, l'expérience est véritablement à couper le souffle!

Le Vanuatu à la carte

République du Vanuatu
Capitale Port-Vila
Langues officielles Bichlamar, français, anglais
Autres langues Plus de 100 dialectes parlés dans l'archipel
Religion Christianisme

Étiquette Demandez la permission avant de prendre une personne en photo. Si cette dernière possède une adresse, envoyez-lui une impression papier à votre retour.
Un plat Le *tuluk* (manioc et viande séchée enroulés dans une feuille de *laplap*).
Un artiste Les dessins sur le sable des Vanuatais sont reconnus par l'UNESCO comme patrimoine immatériel de l'humanité.

20 Bhoutan

Sur les chemins du bonheur

de Paro **à** Guwahati (Inde) **nombre de jours** 21

Inoubliable...

- *Randonner sur les contreforts de la chaîne himalayenne.*
- *Participer aux cérémonies de Yakchoe.*
- *Allumer un cierge dans l'un des monastères de la vallée sacrée de Bumthang.*
- *Saisir les contrastes du pays à Thimphu, capitale surprenante entre tradition et modernité.*

Voyager au Bhoutan, c'est pénétrer dans le royaume le plus secret de l'Himalaya. Ce n'est qu'en 1974 que le pays a ouvert ses frontières à un nombre plutôt restreint de visiteurs. Votre voyage vous conduit à la découverte des marchés de Thimphu, la capitale, avant l'ascension de la très spectaculaire Dochhula Pass. Puis longez la rivière Mo Chhu (la «rivière mère») jusqu'à Punakha et au Temple du fou divin. Traversez les montagnes Noires, en jetant un œil au passage sur les yaks dans les champs de bambous, avant d'atteindre le cœur sacré du Bhoutan, soit les quatre vallées de Bumthang, où vous aurez la chance d'assister aux fêtes traditionnelles de la région. Explorez enfin le royaume des Sharchopas, une région isolée et unique de l'est du Bhoutan.

Pourquoi en mai ?

Le festival de Yakchoe se tient chaque année à cette période. De plus, l'ascension vers le monastère de Taktshang au mois de mai est idéale pour contempler la «tanière du tigre» tout en partageant ce moment avec les groupes de pèlerins bhoutanais. Au printemps, on évite ainsi les moussons d'été et les neiges d'hiver. C'est la période idéale pour randonner, apprécier l'ambiance des monastères millénaires et se sentir au bout du monde...

Monastère de Taktshang

Itinéraire

jour 1 – Paro

L'ouest du Bhoutan et la vertigineuse chaîne de l'Himalaya regroupent les plus hauts sommets du pays. En son cœur, la célèbre vallée de Paro et sa centaine de monastères bouddhiques invitent au voyage. Au village de Paro, découvrez le temple de Kyichu Lhakhang. Construit au VIIe siècle, il est l'un des plus sacrés du pays. Ne manquez pas de visiter également le musée national Ta Dzong, qui servait jadis de tour de guet pour défendre le village lors des guerres entre les populations des différentes vallées de la région au XVIIe siècle. Il contient aujourd'hui une collection fascinante d'œuvres d'art, reliques, peintures religieuses Thangka, masques, costumes, armures et timbres postaux uniques du Bhoutan.

jour 2 – Taktshang

Partiellement endommagé par le feu en 1998, le monastère de Taktshang («la tanière du tigre») fut érigé dans la caverne où, selon une légende, Guru Rimpoche, le père du bouddhisme mahayana, médita durant trois mois après s'être rendu dans la vallée de Paro sur le dos d'une tigresse. L'endroit est spectaculaire, le monastère semble littéralement sculpté dans la montagne, et c'est seulement à pied, au terme d'un court mais magnifique pèlerinage, que vous pourrez l'admirer. D'ici, le Tibet n'est qu'à deux jours de marche.

jour 3 – Thimphu

Thimphu, la capitale du pays depuis 1955, s'étend sur les collines boisées du Wang Chhu. C'est une ville animée au savant mélange de tradition et modernité. Au programme de la visite, le musée du patrimoine vous offre un aperçu de la vie rurale à travers le temps, tandis que le musée du textile vous initie aux diverses méthodes de tissage. Le chorten honorifique est une des structures religieuses les plus visibles de la ville. Il fut construit en hommage au troisième roi du pays, Sa Majesté Jigme Dorji Wangchuck (1928-1972). Chaque jour, le rituel religieux exige que les gens marchent autour du chorten, fassent tourner les larges moulins à prières rouges, et se recueillent dans le monument adjacent. C'est particulièrement agréable de s'y rendre tôt le matin. Observez le contraste entre la démarche

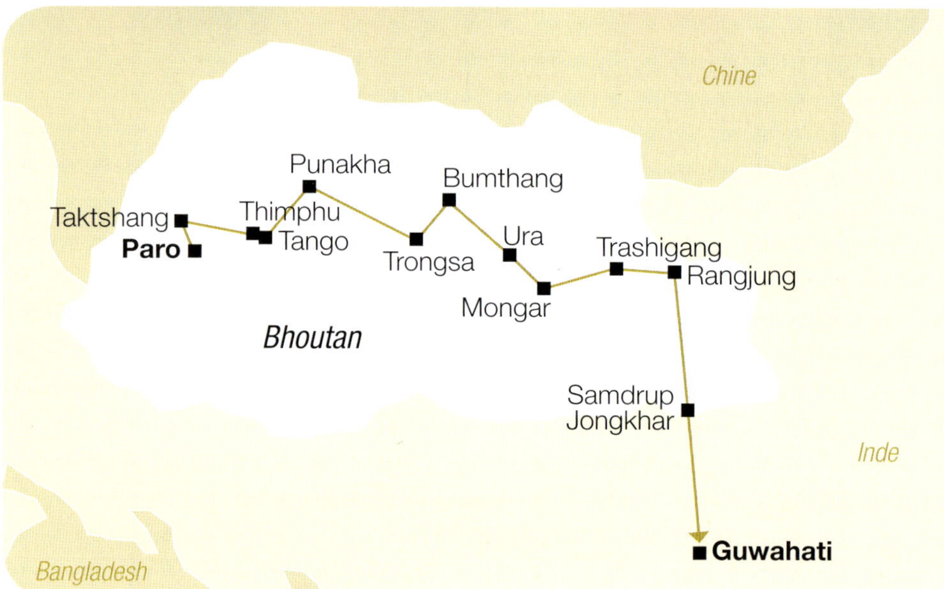

lente des personnes âgées et les pas empressés des jeunes bien habillés qui entrent et sortent en vitesse du monument avant de se rendre à l'école. Enfin, une visite du bureau de poste est l'occasion d'en savoir plus sur les célèbres timbres bouthanais.

jour 4

Tango

Il suffit d'une heure de randonnée à travers une forêt de rhododendrons pour atteindre le monastère de Tango. Perché à flanc de coteau, ce dernier apparaît comme un refuge unique. Tango est l'un des plus importants collèges bouddhiques du pays. Il s'agit d'un très beau *dzong* construit au XVIIIe siècle par le huitième Desi, Druk Rabgye. Aujourd'hui, il est le domicile du lama réincarné Gyaltse Tenzin Rabgye. La visite de ce monastère constitue une excellente occasion de participer à la routine quotidienne des moines bouddhistes.

jour 5

Punakha

La route entre Thimphu et Punakha grimpe jusqu'au superbe col de Dochula (3 050 m). En haut, si la météo le permet, vous profiterez de points de vue sur les sommets de l'Himalaya oriental, incluant le mont Masagang (7 158 m) et Gangkar Puensum (7 570 m), la plus haute montagne du pays. À Dochula, la route traverse un magnifique groupe de 109 chortens (stupas), avant de redescendre dans les plaines de la vallée de Punakha. Jouissant d'un climat plus tempéré, Punakha fut la capitale hivernale du pays pendant 300 ans avant que Thimphu ne devienne la capitale actuelle. Le Jé Khenpo (le chef de l'ordre religieux du Bhoutan) et son conseil de moines y passent encore l'hiver.

jour 6

Phodrang Dzong

Le monastère de Punthang Dechen Phodrang est stratégiquement construit sur une île à la confluence des deux grandes rivières de la région de Punakha. Cette structure imposante, la plus spectaculaire en son genre, représentait à l'époque le développement suprême de l'art et de l'architecture bhoutanais. Vous traverserez ensuite le col de Pele La (3 420 m) à travers les montagnes Noires. En forêt, vous aurez de bonnes chances de croiser des singes avant d'atteindre un point de vue spectaculaire sur le monastère de Trongsa Dzong, situé de l'autre côté d'une gorge.

Monastère de Punthang Dechen Phodrang

jour 7

Trongsa

Jadis une tour de guet du village de Trongsa, le Ta Dzong est de nos jours dédié à la prière et à l'ermitage. Vieux de plus de 460 ans, il fut aux premières loges des événements marquants qui ont jalonné l'histoire du Bhoutan. Vous y trouverez un musée qui retrace l'histoire de la monarchie du pays. Après avoir traversé des champs de sarrasin et d'orge, dirigez-vous ensuite vers les pittoresques vallées de Bumthang, le cœur spirituel du pays. Leurs très nombreux monastères abritent plusieurs artéfacts religieux dont la valeur est inestimable. Les vallées de Bumthang sont un important centre de pèlerinage pour les Bouthanais.

jour 8

Vallées de Bumthang

La randonnée est certainement la meilleure façon d'explorer ces vallées pleines de beauté et de paix. Une relativement courte marche d'environ quatre heures vous permet de mieux comprendre l'importance du bouddhisme dans la région, en découvrant les nombreux chortens, murs (« Mani »), drapeaux de prières, lieux de culte vénérés du royaume et monastères très anciens.

Bonheur national brut

En 1972, lorsqu'il accède à la couronne, le roi du Bhoutan, Jigme Singye Wangchuk, développe un indice de croissance qui va faire le tour du monde : le BNB, ou bonheur national brut. Cet indice vise essentiellement à mesurer le niveau de bonheur de la population. Le roi pense en effet qu'au même titre que le développement économique, le Bhoutan doit préserver ses traditions. Le port du costume traditionnel est obligatoire, la religion bouddhiste est vivement encouragée, et la préservation des espaces naturels est une priorité. En effet, un quart du territoire est classé zone protégée, s'étirant des plus hauts sommets de la chaîne himalayenne aux forêts tropicales sur seulement 200 km.

Les timbres-poste bhoutanais

Tandis que plusieurs postiers distribuent encore le courrier pieds nus dans certaines régions isolées du pays, les timbres du Bhoutan demeurent, quant à eux, célèbres à travers la communauté philatélique internationale. Depuis leur apparition dans les années 1960, on les considère comme les plus originaux au monde. Ils ont été la source de revenus principale du pays durant plusieurs années et font encore sensation à chaque nouveau lancement : colorés et créatifs, ils sont encore de nos jours des pièces de collection prisées.

jour 9

➤ Ura (Yakchoe)

La vallée d'Ura, la dernière des vallées de Bumthang, accueille en cette saison le fameux festival de Yakchoe, une occasion exceptionnelle de vous plonger dans la culture bouthanaise et de commémorer l'intervention de Padmasambhava – le second Bouddha, comme il est appelé ici – qui, selon une vieille légende, aurait sauvé le pays d'une épidémie de lèpre.

jour 10

➤ Mongar

Faites route vers l'est en suivant l'un des plus beaux itinéraires du pays. La descente de Thrumshing La vers Lingmithang est incroyable : la route passe d'une altitude de 3 800 m à 650 m en quelques heures seulement, tandis que les pinèdes font graduellement place à des forêts semi-tropicales qui cèdent ensuite la leur à des orangers. L'arrivée à Mongar marque le début de votre expérience au Bhoutan oriental.

jour 11

➤ Trashiyangtse – Trashigang

À une altitude moyenne de 1 000 m, la région de Trashigang est la plus grande du pays, tandis que le village éponyme est l'un des plus vieux centres « urbains » du Bhoutan. En chemin vers Trashigang, faites escale à Trashiyangtse, un petit village riche en arts bhoutanais.

jour 12

➤ Rangjung – Phongmey

Le village de Rangjung est un grand producteur de soie grège, tandis que son voisin Radi se spécialise dans le tissage. En poursuivant votre route, vous atteindrez Phongmey, où vous pourrez dresser un campement pour la nuit dans le domaine du monastère, sous les résidences des moines.

jours 13 à 19

Joenkhar, Thrakthi, Sakten, Miksha, Merak, Choetorsa, Ranjung

Partez ensuite pour une grande aventure de six jours à pied le long des sentiers qui vous conduiront de village en village. Grimpez des collines, faufilez-vous le long des crêtes, traversez des rivières à gué, admirez les panoramas de la chaîne himalayenne… L'itinéraire vous fait découvrir les villages de Joenkhar, Thrakthi, Sakten, Miksha, Merak, Choetorsa, avant de se terminer à Ranjung.

jours 20 et 21

Guwahati (Inde)

Prenez la route vers Samdrup Jongkhar, à la frontière avec l'Inde. Continuez vers l'aéroport de Guwahati, dans l'État d'Assam. En chemin, vous traverserez les villes de Kumarikata, Tamulpur et Rangiya ainsi que de jolies plantations de thé.

Le Bhoutan à la carte

Royaume du Bhoutan
Capitale Thimphu
Langue officielle Dzongkha (tibétain)
Religions Bouddhisme (75% de la population), hindouisme (25%)
Étiquette Ne critiquez pas ouvertement le roi.
Un plat *Ema Datse* (ragoût à base de sauce au fromage et de piment).
Un artiste Le lama (moine bouddhiste) Khyentse Norbu a réalisé notamment le film *Voyageurs et Magiciens*, une fable tout en poésie.

21 États-Unis

Mythique route 66

de Chicago **à** Los Angeles **nombre de jours** 16

Inoubliable...

- *Traverser les États-Unis en mode road trip.*
- *Découvrir Chicago, St. Louis et Los Angeles.*
- *Explorer le parc national du Grand Canyon.*
- *Tenter sa chance dans les casinos de Las Vegas.*

Préparez-vous à vivre une traversée digne des plus célèbres *road movies* américains. Fermez les yeux et imaginez-vous au volant de votre voiture le long de la « Mother Road ». Cette route légendaire, la première route transcontinentale des États-Unis, traverse huit États, de Chicago (Illinois) à Santa Monica (Californie). Elle est ponctuée de motels, *diners* et stations-service… autant d'icônes de la culture populaire américaine des années 1950-1960 !

Pourquoi en mai?

En mai, le temps est clément tout au long de la route. Il ne fait pas encore trop chaud dans les États du Sud-Ouest (Nouveau-Mexique, Arizona et Californie) et l'on peut contempler des champs en fleurs dans les États plus agricoles (Illinois, Missouri, Oklahoma). Comme la foule des touristes estivaux n'a pas encore envahi les lieux, il est aussi plus facile de trouver de la place dans les établissements d'hébergement.

Désert de Mojave

Chicago

La route 66 dans les arts

La route 66 constitue l'un des lieux principaux du roman de John Steinbeck, *Les Raisins de la colère*. Le film *Easy Rider* y a été tourné, notamment à Santa Monica, Topock et Flagstaff. Elle occupe également une place centrale dans le film d'animation de John Lasseter, *Cars*. Le film *The Hitcher* (1986 - Robert Harmon) a été tourné en partie au Roy's Cafe, à Amboy. Elle est le thème de la chanson d'Eddy Mitchell « Sur la route 66 » (sur l'album *Jambalaya Tour*). Elle est un élément essentiel de la télésérie *The Lost Room*, dont l'intrigue principale se déroule dans un motel. Elle est aussi le sujet des *26 Gasoline Stations* d'Edward Ruscha, une série de photos publiée par l'artiste en 1963. L'un des plus grands succès de Nat King Cole s'intitule *Route 66* (il est d'ailleurs mort à Santa Monica après avoir grandi à Chicago).

Itinéraire

jour 1

Chicago

Découvrez la grande ville de l'Illinois, célèbre pour son architecture !

jour 2

Bloomington

Parcourez les grandes plaines agricoles de l'Illinois aussi appelées *Corn Belt*.

jour 3

Funk's Grove – St. Louis

En chemin vers St. Louis, découvrez Funk's Grove et son excellent sirop d'érable ; McLean, où fut fondé en 1928 le premier relais routier de la route 66, le Dixie Truckers Home ; Springfield, où visiter la Route 66 Association ; et finalement Litchfield et son magasin Niehaus, grand spécialiste d'accessoires de motos. Continuez en direction de Mount Olive et Mitchell pour découvrir le Mustang Corral, véritable cimetière de voitures Ford Mustang, puis traversez le Mississippi par le mythique Chain Of Rock Bridge. Profitez d'une belle soirée à St. Louis.

jour 4

St. Louis – Springfield

Partez pour plus de 350 km à travers le Missouri. Passez par Eureka, Stanton, Sullivan, les Meramec Cavern et Devil's Elbow.

jour 5

Springfield – Tulsa

En une journée, quittez le Missouri, traversez le Kansas et entrez dans l'Oklahoma.

Plusieurs villages fantômes bordent toujours la route. Peu à peu, le paysage se fait plus plat, et vous roulez désormais à travers les vastes plaines du Kansas. Au loin se dressent les silhouettes de mines désaffectées. En entrant dans l'Oklahoma, ne manquez pas de faire une halte à Commerce, l'un des théâtres des « exploits » des gangsters Bonnie et Clyde ; Vinita et son plus grand restaurant McDonald's au monde (si le cœur vous en dit) ou encore Claremore pour son musée consacré à Will Rogers, figure emblématique du cinéma américain. Nulle part ailleurs la route 66 n'est aussi

Santa Fe

belle, aussi bien préservée, autant utilisée. La journée se termine en roulant jusqu'à Tulsa, où quelques architectes ont fait preuve d'originalité.

jour 6

Tulsa – Clinton

Partez pour une belle traversée de l'Oklahoma. D'abord Sapulpa, berceau des Indiens Creek, était le repaire de Jesse James, le fameux hors-la-loi. Arrêtez-vous un moment à Bristow, où de vieilles stations-service rappellent que la civilisation de l'automobile est née ici... Continuez ensuite vers Oklahoma City, puis vers Yukon, petite capitale des Tchèques immigrés au siècle dernier. Faites une halte à El Reno, où l'on concocte en mai le plus gros hamburger du monde (250 kg !). Son Big 8 Motel a servi de décor pour le tournage du film *Rain Man*. À Clinton, une ville agréable et hospitalière, offrez-vous de l'artisanat amérindien au Cherokee Trading Post et visitez le Route 66 Museum.

jour 7

Clinton – Amarillo

Dirigez-vous vers le Texas ! Puits de pétrole et bétail sont au rendez-vous. Arrêtez-vous au Cactus Inn pour son ambiance de bout du monde caractéristique du *Far West*. À Amarillo, la capitale de la viande, on organise les plus importantes ventes aux enchères de bétail au monde. Vous pourrez également y découvrir une peinture murale représentant la route 66 dans son intégralité. Et pourquoi ne pas essayer de venir à bout d'un steak… au format américain !

jour 8

Amarillo – Santa Fe

Partez pour la plus longue étape du voyage : près de 490 km ! Quittez le Texas pour le Nouveau-Mexique. La route 66 n'est plus qu'une piste de graviers sur 30 km ! Faites une halte à Santa Rosa pour découvrir son architecture mexicaine. Traversez les montagnes Rocheuses en direction de Santa Fe.

jour 9

Santa Fe

Prenez une pause et découvrez Santa Fe, la capitale historique et artistique du Nouveau-Mexique. Située au pied des monts Sangre de Cristo, la ville mélange les cultures hispanique, amérindienne et anglo-américaine. La mission San Miguel, construite en 1610, est la plus ancienne église du pays, tandis que le palais du gouverneur se targue,

Parc national du Grand Canyon

lui aussi, d'être l'un des plus vieux bâtiments publics aux États-Unis.

jour 10

Santa Fe – Gallup

Empruntez le « Turquoise Trail », qui serpente à travers la montagne en offrant un paysage grandiose sur la vallée en contrebas. Découvrez ensuite Albuquerque, la capitale du Nouveau-Mexique, qui a su si bien préserver ses motels d'époque ! Puis faites route plein ouest vers Gallup, en découvrant au passage la Cibola National Forest et les Zuni Mountains. À Gallup, capitale du western depuis la fin des années 1920, visitez les nombreux *trading posts*, ces magasins où Amérindiens et Blancs faisaient autrefois le troc de denrées et marchandises.

jour 11

Gallup – Grand Canyon

Découvrez le Painted Desert et ses étendues de roches volcaniques puis, la Petrified Forest, un véritable musée minéral en plein air, avec ses troncs d'arbres transformés en agate ou en cornaline. Vous arrivez enfin au Grand Cayon et profitez de nombreux points de vue à couper le souffle sur l'horizon infini.

jour 12

Grand Canyon – Williams – Las Vegas

Le parc national du Grand Canyon, site classé par l'UNESCO, abrite l'un des phénomènes géologiques les plus grandioses des États-Unis. Sur plus de 300 km, le Grand Canyon offre un dédale de gorges érodées qui forment un labyrinthe d'une beauté saisissante. En passant par Williams, poursuivez ensuite votre route en direction de Las Vegas, la capitale du divertissement.

jour 13

Las Vegas

Tentez votre chance au casino, profitez de la piscine de l'hôtel et visitez la concession Harley-Davidson.

jour 14

Las Vegas – Barstow

Partez plein sud pour rejoindre la route 66 et reprendre l'itinéraire à partir de Kingman, dernière étape des pionniers avant la traversée des Black Mountains. Vous arrivez à Needles, la ville la plus chaude de Californie. Continuez en longeant le désert de Mojave jusqu'à Barstow.

États-Unis

Palos Verdes, région de Los Angeles

jour 15

Barstow – Los Angeles

Partez pour Los Angeles, en direction de la côte Pacifique. Sur la route de Victorville, de nombreux villages, cafés, stations-service et restaurants sont abandonnés. La route descend ensuite vers San Bernardino. De plus en plus d'autoroutes ! C'est la fin de la route 66. On circule parmi des banlieues infinies avant d'atteindre l'entrée de la ville. Roulez sur Sunset Boulevard, Hollywood Boulevard et enfin Santa Monica Boulevard, jusqu'au Santa Monica Pier, terme de votre aventure sur la mythique route 66.

jour 16

Los Angeles

Entre ses plages et ses fameux studios d'Hollywood, découvrez Los Angeles, une ville tentaculaire étonnante et extravagante. Ses habitants sont venus du monde entier pour vivre le rêve américain. Parcourez le Chinatown, Little Tokyo, East Los Angeles (quartier mexicain), South Central Los Angeles (quartier afro-américain), Koreatown, Little Saigon et offrez-vous une expérience culinaire à travers ces différents quartiers. Découvrez le célèbre Grauman's Chinese Theatre, où se tiennent les premières mondiales des productions hollywoodiennes. À proximité, retrouvez aussi le célèbre Kodak Theater, hôte de la prestigieuse cérémonie des Oscar. Ne manquez pas le Walk of Fame et ses quelque 2 000 étoiles, chacune étant dédiée à un artiste de renom. Visitez enfin les fameux studios Universal, où ont été tournés plusieurs des plus grands films du cinéma américain et certaines des séries télévisées les plus appréciées du moment. À bord d'un petit train, pénétrez à l'intérieur des décors de *Jurassic Park*, *The Revenge of the Mummy*, *Jaws* ou encore *Desperate Housewives*.

Les États-Unis à la carte

États-Unis d'Amérique
Capitale Washington, D.C.
Langue officielle Anglais

Religions Protestantisme (50% de la population) et catholicisme
Un plat Hamburger dans un *diner*
Un artiste L'écrivain Jack Kerouac est l'auteur du célèbre *Sur la route*, manifeste de la *Beat Generation*, relatant ses errances sur les routes américaines.

juin

22 Islande

➤ Pourquoi en juin ?

La fête de l'Indépendance, le 17 juin, est l'occasion de festoyer en pleine rue, au gré des musiques, des spectacles et des défilés qui ont lieu ce jour-là.

Puis, c'est autour du 21 juin que l'Islande fête le solstice d'été et ses nuits ensoleillées. Situé à quelques kilomètres seulement du cercle polaire arctique, le pays connaît alors de longues journées sans coucher de soleil.

Fêtes du solstice d'été

boucle au départ de Reykjavík **nombre de jours** 16

Inoubliable...

- *Rouler le long de la légendaire route 1.*
- *Assister au tournoi de golf Arctic Open.*
- *Expérimenter la trépidante vie nocturne de Reykjavík, sous un soleil qui ne se couche pas.*
- *Admirer les magnifiques volcans, cascades et champs de lave du pays.*

Voici un itinéraire entre champs de lave et lagunes d'icebergs. Un parcours sublime à travers les plus beaux paysages sauvages de l'île, le long de la légendaire route 1. Panoramas uniques depuis les sources chaudes de Geysir jusqu'à l'incroyable cascade de Goðafoss, en passant par les coteaux sulfureux de Námaskarð et le canyon en fer à cheval d'Ásbyrgi. Mais ce voyage est surtout l'occasion de découvrir le meilleur de l'Islande, lors du solstice d'été, au moment où le soleil ne se couche jamais. La vie bat alors son plein : des concerts de Reykjavík au championnat de golf Arctic Open à Akureyri, un événement international qui attire les golfeurs du monde entier.

Reykjavík

Chaud dessous!

L'Islande est une terre volcanique, comme en témoignent ses 200 volcans toujours en activité. « L'île de glace et de feu », une des terres cadettes du monde, est née il y a quelque 20 millions d'années, à l'époque tertiaire. Sous la pression d'un point chaud (a priori situé sous le Vatnajökull), d'importantes remontées de magma ont fait émerger l'île. C'est toujours ainsi que son paysage particulier se construit aujourd'hui, bâtissant l'île à coup d'éruptions volcaniques qui offrent aux visiteurs l'impression de pouvoir observer la terre en chantier. Cette activité volcanique est liée à la localisation inusitée de l'île, située à cheval sur deux plaques continentales, celles de l'Europe et de l'Amérique. Une situation unique qui la fait grandir de 2 cm chaque année sous l'effet de leur écartement. La chaleur souterraine est utilisée pour les besoins en énergie des Islandais. Ce procédé naturel, appelé « géothermie », est aujourd'hui la principale source d'énergie de l'île, dans le respect de l'environnement et sans recours excessif au pétrole.

Itinéraire

jour 1

➤ Reykjavík

Reykjavík est la capitale la plus septentrionale au monde. À l'occasion du solstice d'été, la ville s'anime de concerts et de spectacles en tout genre.

jour 2

➤ Thingvellir – Geysir

Dirigez-vous vers le parc national de Thingvellir. Le site de l'ancien parlement islandais se trouve au bord du plus grand lac d'Islande, au cœur d'un paysage volcanique exceptionnel, composé de sommets et de coulées de lave. Adonnez-vous au plaisir du rafting dans la région de Geysir, du quad dans la région de Haukadalur, et même d'une excursion en bateau vers les îles Vestmann.

jour 3

➤ Côte sud – Kirkjubæjarklaustur

La route longe la spectaculaire côte sud. En chemin vers le village de Kirkjubæjarklaustur, découvrez la cascade Skógafoss, les sables noirs de Vík et le champ de lave d'Eldhraun.

jour 4

➤ Skaftafell – Jökulsárlón – Höfn

Au cœur de l'extraordinaire parc national de Skaftafell, marchez au pied du glacier Vatnajokull. La route se prolonge vers le lagon glaciaire de Jökulsárlón, où flottent des icebergs détachés du glacier. Un peu plus loin se trouvent le village de pêcheurs de Höfn et son lagon glaciaire, sur lequel une promenade en bateau termine la journée en beauté.

jour 5

➤ Fjords de l'Est – Île Papey – Stödvarfjordur

Les magnifiques fjords de l'Est en imposent. Profitez-en pour faire une promenade en mer vers l'île Papey, où des milliers de macareux font leurs nids pendant l'été. Vous pouvez également visiter la célèbre collection de minéraux de Petra, dans la région de Stödvarfjordur.

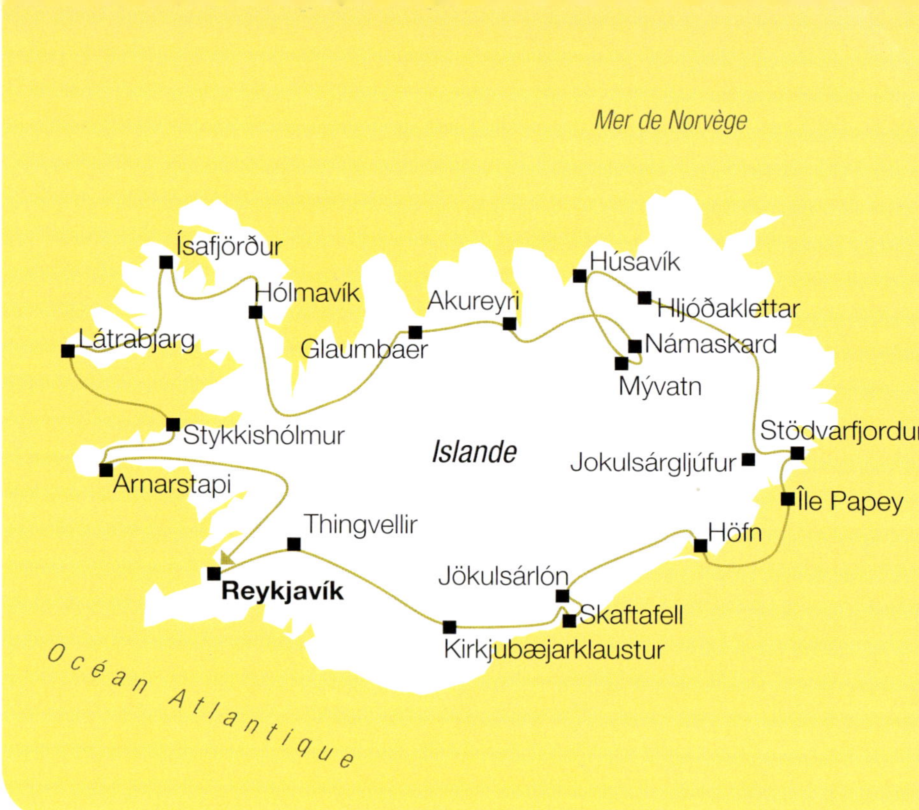

Région de Krafla

Macareux

L'Arctic Open à Akureyri

Le Royal Ancient Golf Club de St. Andrews, ultime référence du golfeur, confirme qu'Akureyri possède le parcours de golf (18 trous) le plus au nord de la planète. Fondé en 1935, son premier tournoi s'est déroulé en 1986. Long de 5 852 m, il est devenu au fil des ans l'un des parcours professionnels les plus intéressants, profitant d'une vue superbe sur les paysages environnants. Lors de l'Arctic Open, plus d'une centaine de golfeurs venant du monde entier se donnent rendez-vous en Islande pour célébrer le solstice d'été.

jour **6**

Dettifoss – Jokulsárgljúfur – Hljóðaklettar – Ásbyrgi – Húsavík

Le plateau intérieur de Mödrudalsöraefi est reconnu pour sa grande beauté. Découvrez Dettifoss, la cascade la plus puissante d'Europe, les merveilles du parc national de Jokulsárgljúfur, les étranges formations volcaniques de Hljóðaklettar et l'impressionnant canyon Ásbyrgi en forme de fer à cheval. Continuez votre route vers la péninsule de Tjörnes et le village de pêcheurs de Húsavík, où il est possible d'observer des baleines.

jour **7**

Mývatn – Námaskard – Akureyri

Du lac Mývatn à la région volcanique de Krafla, en passant par les champs de Námaskard, poursuivez votre voyage vers Akureyri, la capitale du Nord.

jours **8 à 10**

Akureyri et le nord du pays

Vous voici enfin à Akureyri! Les trois prochains jours sont consacrés au tournoi de golf. Découvrez ce charmant village et, tout au long de ces trois jours, différentes virées sont possibles dans les alentours. C'est l'occasion rêvée de découvrir le nord du pays, qui offre des paysages exceptionnels empreints de calme et de sérénité.

jour **11**

Vallée de Skagafjördur – Glaumbaer

Traversez la vallée fertile de Skagafjördur, réputée pour ses chevaux. Profitez-en pour faire un petit tour à dos de cheval ou pour visiter le musée Glaumbaer.

jour **12**

Hólmavík – Fjords de l'Ouest

Poursuivez votre voyage vers Hólmavík en passant par Steingrímsfjardarheidi avant d'arriver dans la magnifique région des fjords de l'Ouest. Longez les nombreux fjords d'Ísafjardardjúp, où phoques et oiseaux habitent le littoral sauvage.

jour **13**

Ísafjörður et ses environs

Visitez Ísafjörður, le plus grand village de la région, de même que l'agglomération voisine de Bolungarvik et son musée d'histoire naturelle. Optez aussi pour une promenade en mer vers l'île Vigur, une randonnée pédestre ou une excursion en kayak.

Islande

Région d'Akureyri

jour 14

Cascade Dynjandi – Látrabjarg

En traversant les magnifiques fjords de l'Ouest, des haltes s'imposent à la cascade Dynjandi et devant les impressionnantes falaises de Látrabjarg. En été, ces falaises, hautes de 444 m, sont occupées par des millions de macareux, fous de Bassan, guillemots et petits pingouins (*Alca torda*).

jour 15

Breidafjördur – Stykkishólmur – Arnarstapi

Empruntez le fameux traversier Baldur pour naviguer entre la baie de Breidafjördur et le charmant village de Stykkishólmur. La baie est parsemée d'îlots où vivent de nombreux oiseaux. Découvrez la péninsule de Snæfellsnes en passant par les petits villages de pêcheurs de Hellissandur et Grundafjördur. Un arrêt au petit port de pêche d'Arnarstapi vous permet d'admirer des formations basaltiques insolites.

jour 16

Borgarfjörður – Reykjavík

Découvrez la région de Borgarfjörður et allez admirer les belles cascades de Hraunfossar et Barnafoss. Rendez-vous ensuite aux sources d'eau chaude de Deildartungunver non loin du hameau de Reykholt. Prenez la route qui passe par le fjord de Hvalfjördur pour rejoindre Reykjavík.

L'Islande à la carte

République d'Islande
Capitale Reykjavík
Langue officielle Islandais
Religion Protestantisme luthérien (environ 80% de la population)

Étiquette On retire toujours ses chaussures avant d'entrer chez quelqu'un ou dans sa chambre d'hôtel.
Un plat Une assiette de *harðfiskur* (poisson séché) et du *skyr* au dessert (fromage blanc local).
Un artiste L'écrivain Halldór Laxness a obtenu le prix Nobel de littérature en 1955.

23 Rwanda

Pourquoi en juin ?

C'est précisément durant ce mois qu'ont lieu les baptêmes des bébés gorilles.

Baptême des gorilles

boucle au départ de Kigali | **nombre de jours** 5

Inoubliable...

- *Marcher en pleine jungle tropicale, au cœur du parc national des Volcans.*
- *Se retrouver en tête-à-tête avec un gorille.*
- *Participer aux cérémonies de baptême des petits gorilles nés dans l'année.*
- *Se reposer sur les rives du majestueux lac Kivu.*
- *Découvrir la ville moderne de Kigali.*

Partez à la découverte du Rwanda et laissez-vous entraîner au cœur de cette Afrique propice au partage d'expériences inoubliables. Visitez la capitale, Kigali, une ville dynamique et cosmopolite, avant de plonger au sein d'un écosystème aussi riche que fragile. Lacs couleur azur, immenses forêts tropicales, hauts sommets, chaîne de volcans… c'est dans ce cadre naturel hors du commun qu'ont trouvé refuge les derniers grands primates de la planète : les gorilles des montagnes, en voie d'extinction mais dont la sauvegarde est devenue un enjeu national. Partagez un moment magique et intense en leur compagnie dans le parc national des Virunga et assistez au Kwita Izina (cérémonie de baptême des bébés gorilles nés au cours de l'année). Puis, rendez-vous au lac Kivu, l'un des plus beaux sites naturels du pays.

Itinéraire

jour 1

➤ Kigali – Ruhengeri

La capitale du pays est une ville animée, cosmopolite et dynamique avec ses grands boulevards, son aéroport international, ses hôtels et restaurants de classe internationale et ses boutiques d'objets rares et d'artisanat. Visitez le musée Kandt, dans le « vieux Kigali », et rendez-vous au monument commémoratif du génocide, où vous en apprendrez davantage sur l'histoire du Rwanda, de son passé précolonial au génocide de 1994, mais également sur d'autres génocides dans le monde. Prenez la route vers le nord pour une visite pittoresque en pleine nature rwandaise, à destination de Ruhengeri, au pied des volcans Virunga. Promenez-vous autour des lacs jumeaux de Burera et Ruhondo, aux eaux azur, entourés de collines et de cascades vertigineuses, avec, au loin, le panorama des volcans Virunga.

jour 2

➤ Le parc national des Volcans

Très tôt dans la matinée, partez pour le centre d'information du parc national des Volcans, où vous pourrez

Dian Fossey

Ceux que les gorilles passionnent auront certainement déjà vu le film américain *Gorilles dans la brume*, sorti en 1988, dans lequel Sigourney Weaver interprète le rôle d'une jeune éthologue engagée dans l'étude du comportement des gorilles au Rwanda. Le film est en réalité tiré d'une autobiographie de Dian Fossey, qui, toute sa vie durant, étudia les grands singes et contribua à les faire aimer du grand public. Celle qui est reconnue comme la plus grande spécialiste de la physiologie et du comportement des gorilles de montagne les définissait comme des êtres *« dignes, très sociables, doux, avec des personnalités individuelles et des relations familiales fortes »*. Son engagement envers les gorilles, dans un contexte de braconnage important et de misère sociale, lui coûta la vie. Elle fut retrouvée en 1985, à l'âge de 53 ans, le crâne fendu, dans sa cabane sur les pentes des volcans Virunga. Son livre *Gorilles dans la brume* demeure une référence pour qui veut comprendre intimement le comportement de ces grands primates.

Parc national des Volcans

rejoindre un groupe d'observation des gorilles. Profitez d'une journée incroyable sur la piste des grands singes qui débute sur les contreforts cultivés des volcans Virunga et se prolonge jusqu'au cœur du parc national, dans l'ambiance envoûtante de la forêt tropicale, avec chant des oiseaux et glapissements des singes dorés. À travers la canopée, vous apercevez de magnifiques sommets au loin, parmi les plus hauts d'Afrique. Cheminant entre les plantes grimpantes qui surplombent la forêt, les « hagenias » couverts de mousse et les lobélies géantes qui poussent sous ce climat tropical, les guides expérimentés vous mènent à proximité d'une famille de gorilles. Actuellement, le parc compte sept familles qui se sont habituées à la présence humaine. Vous passerez une heure magique en leur compagnie pendant qu'ils vaquent à leurs occupations quotidiennes: repas, sieste, jeux et élevage de leur progéniture. Se retrouver en tête-à-tête avec un gorille de taille adulte est certainement l'une des expériences les plus impressionnantes que l'on puisse vivre!

jour 3

Le parc national des Volcans – Volcans Virunga

Consacrez une journée entière au Kwita Izina, la cérémonie de baptême des bébés gorilles. Cette cérémonie attire des milliers de visiteurs dans le but de les sensibiliser à la protection des derniers gorilles de montagne. Depuis des décennies, des organisations internationales luttent pour leur sauvegarde, des donateurs ainsi que des volontaires ont beaucoup œuvré en faveur de cette cause et continuent de le faire.

Lac Kivu

➤ Le parc national des Volcans – Gisenyi

jour 4

Dans la matinée, marchez sur les traces d'une autre famille de gorilles, à la recherche de nouvelles sensations. Généralement, chaque famille vit dans une zone différente. Toutefois, les gorilles ne sont pas sédentaires; il arrive donc qu'ils se retrouvent à partager le même territoire et, pour protéger leur famille, les mâles se battent parfois à mort. Après le déjeuner, suivez la route en pleine campagne jusqu'à Gisenyi, sur les rives du lac Kivu, un lac splendide qui s'étend sur 7 000 km², parsemé d'îles et entouré de collines. Au cœur d'Albertine Rift, le lac Kivu recouvre une grande partie de la frontière ouest avec la République démocratique du Congo. C'est l'un des plus grands lacs d'Afrique.

➤ Gisenyi – Kigali

jour 5

Profitez d'une matinée de repos au bord du lac. Puis retournez à Kigali et dînez dans un restaurant pour votre dernière nuit en ville.

Le Rwanda à la carte

République du Rwanda
Capitale Kigali
Langues officielles Anglais, kinyarwanda, français
Religion Catholicisme (environ 50% de la population)
Un plat Pâte de sorgho aux légumes, patates douces, manioc
Un artiste Le musicien et chanteur Corneille

24 Madagascar

Le Grand Sud à la rencontre des pêcheurs vezos

boucle au départ de Antananarivo **nombre de jours** 9

Inoubliable...

- *Parcourir la haute ville d'Antananarivo et ses anciennes constructions.*
- *Observer les lémuriens du parc national de Ranomafana.*
- *Rouler à travers la brousse le long de la nationale 7.*
- *Partager la vie des pêcheurs vezos et monter à bord de leurs pirogues traditionnelles.*

L'une des plus grandes îles de l'océan Indien, Madagascar, « l'île rouge », constitue une terre d'exception. Ce voyage vous conduit, à travers la forêt tropicale humide du parc de Ranomafana, jusqu'aux plages du sud du pays, en bordure du canal du Mozambique, à la rencontre des nomades des mers vezos. En chemin, découvrez les artisans ébénistes d'Ambositra, la savane de l'Isalo et le canyon de Ranohira.

Pourquoi en juin ?

C'est en juin qu'est célébré le Donia, le festival de musique traditionnelle à Nosy Be. C'est également l'époque du Fisemana, la cérémonie de purification rituelle chez les Antakaranas. Enfin, les connaisseurs vous diront qu'au sud du pays, les pêcheurs nomades vezos parcourent les mers d'avril à décembre.

Itinéraire

jour 1 – Antananarivo

Commencez la visite par la haute ville et ses anciennes constructions. Puis descendez tout doucement en véhicule vers le quartier des affaires, la ruelle des bijoutiers, la place de la République, pour aboutir à l'avenue de l'Indépendance et sa gare. Également très intéressant: la découverte de l'ancienne citadelle d'Ambohimanga et son palais d'été des Reines et des Rois, situé à une vingtaine de kilomètres au nord de la ville.

jour 2 – Lac Tritriva – Antsirabe

Suivez la route vers la ville thermale d'Antsirabe. En chemin, arrêtez-vous pour découvrir l'artisanat à base de fibres de sisal et de raphia. Et ne manquez pas d'aller admirer les couleurs émeraude du lac Tritriva, situé dans le cratère d'un volcan endormi.

Les pêcheurs vezos

Une légende raconte que les Vezos descendraient de l'union entre une sirène et un ancêtre unique. C'est dire combien ce peuple se sent lié à la mer, territoire sacré qu'il a toujours protégé en n'en puisant que les ressources nécessaires. Pour les Vezos, l'océan est le refuge du grand dieu des mers.

Selon un proverbe, un Vezo sans pirogue ne peut rien faire. Leur *laka*, ou pirogue à balancier, fait à la fois office de moyen de transport, de lieu de travail et parfois même d'habitation. Elle est construite selon les gestes d'antan, dans un seul tronc d'arbre. Autrefois nomades, les Vezos partaient pour de longues périodes en mer. Ils campaient en famille sur une plage ou un îlot désert, la voile de leur pirogue leur servant de tente. Aujourd'hui, ce sont souvent uniquement les hommes qui prennent le large, partant à la pêche au requin ou à la tortue.

Antananarivo

Ifaty

jour **3**

➤ Ambositra

Traversez les hauts plateaux, puis faites votre entrée au pays Betsileo. Première halte dans la ville d'Ambositra, capitale de l'artisanat malgache, fameuse pour ses ateliers de sculpture sur bois, ses pierres précieuses et semi-précieuses et sa marqueterie.

jour **4**

➤ Ranomafana – Fianarantsoa

Dans un décor de forêt tropicale humide, le parc national Ranomafana abrite une grande variété de plantes médicinales et de nombreuses espèces de lémuriens. Poursuivez jusqu'à la jolie ville de Fianarantsoa, dont le nom signifie « là où l'on apprend le bien ».

jour **5**

➤ Ambalavao – Ranohira

Suivez la route vers le massif jurassique de l'Isalo. Faites une pause à Ambalavao pour visiter sa fabrique de papier Anteimoro, sorte de papyrus créé à partir d'écorces d'arbrisseaux et orné de jolies fleurs naturelles. Passez ensuite les remarquables portes du Sud qui s'ouvrent sur un paysage de savane.

jour **6**

➤ Ranohira

Randonnez jusqu'aux canyons des rats et des singes. Ici, profitez de la baignade dans la piscine naturelle. Admirez un coucher de soleil à la fameuse fenêtre de l'Isalo.

jour **7**

➤ Ilakaka – Tuléar – Ifaty

Empruntez la dernière portion de la nationale 7 à travers un paysage de brousse aride. Vous traversez la ville d'Ilakaka, connue pour ses mines de saphir, jusqu'à Tuléar, puis à Ifaty, petite station balnéaire en bordure du canal du Mozambique.

Région d'Ilakaka

jour 8

Ifaty

Partez à la rencontre de la communauté des Vezos, qui tire traditionnellement toutes ses ressources de la mer sans que jamais la pêche n'excède ses besoins. Les Vezos sont des nomades des mers. Ils vous raconteront leur histoire, vous expliqueront leurs différentes techniques de pêche, et vous pourrez monter à bord de leurs pirogues. Équilibrée par un balancier, la pirogue vezo est simplement équipée d'une voile carrée, tendue entre deux mâts.

jour 9

Ifaty – Antananarivo

Profitez d'un moment de détente sur la plage avant de vous envoler vers la capitale.

Si le cœur vous en dit, vous pouvez poursuivre ce voyage vers le nord du pays et les belles plages de sable blanc de l'île de Nosy Be, ou vers l'île de Sainte-Marie pour y observer les baleines.

Madagascar à la carte

République de Madagascar
Capitale Antananarivo
Langues officielles Malgache, français, anglais
Religions Culte des ancêtres (50% de la population), christianisme (40%)

Étiquette Il existe de nombreux *fady* (« interdits » ou « tabous »), notamment concernant les lieux de sépulture (pas toujours visibles).
Un plat Le *romazava* est un bouillon à base de viande et de « brèdes » (blettes) accompagné de riz.
Un artiste Jobily Weber, chanteur pop rock.

25 Maroc

Sur un air de fête

de Fès **à** Essaouira **nombre de jours** 14

Inoubliable...

- *Participer au Festival de Fès des musiques sacrées du monde.*
- *Partir en méharée dans le désert du Sahara.*
- *Randonner à pied dans les gorges de Todra et les montagnes du Haut Atlas.*
- *Arpenter les rues de Marrakech.*
- *Danser au festival de musique gnaoua d'Essaouira.*

Le thème de ce voyage est la musique, véritable moyen d'échanges et de rencontres avec le pays et ses habitants. Depuis 1994, le Festival de Fès des musiques sacrées du monde s'inscrit dans une mission universelle de paix et de rapprochement entre les peuples. Plus loin sur la côte, à Essaouira, la musique gnaoua est à l'honneur à l'occasion du festival du même nom. Entre ces deux moments forts, l'itinéraire propose la découverte des sites incontournables du Maroc, depuis les vestiges romains de Volubilis jusqu'aux dunes de Merzouga, en passant par la ville impériale de Marrakech, une méharée dans l'erg Chebbi ainsi qu'une randonnée à pied sur l'une des plus belles routes du Haut Atlas.

Pourquoi en juin?

Le printemps et l'été sont les saisons favorables pour parcourir le Maroc, même s'il peut faire très chaud dans le désert. Les initiés savent également que le mois de juin combine les deux événements musicaux d'envergure du pays : les festivals de Fès et d'Essaouira.

Mots du pays

Erg	Désert de dunes
Kasbah	Ville fortifiée, par extension désigne le quartier historique d'une ville.
Ksar / Ksour	Un village / des villages
Médina	Quartier ancien d'une ville
Méharée	Randonnée à dos de dromadaire dans le désert
Riad	Maison traditionnelle marocaine
Souk	Lieu où se tient le marché

Itinéraire

jours 1 et 2

Fès

Fès est la plus ancienne des villes impériales et la cité intellectuelle du royaume. Nombreux sont les monuments à visiter : la médersa Attarine, les souks, les tanneurs, Fès El-Jedid, la mosquée Karaouine...

Le Festival de Fès des musiques sacrées du monde s'inscrit dans la tradition savante, artistique et spirituelle de la ville. Bien plus qu'un événement culturel, il est devenu un lieu de création et d'expérience, avec la complicité d'artistes connus ou à découvrir, d'Orient et d'Occident. En 2001, le festival a été désigné par l'ONU comme l'un des événements marquants ayant contribué, d'une façon remarquable, au dialogue entre les civilisations.

jour 3

Moulay Idriss – Montagnes du Moyen Atlas

À Moulay Idriss, les vestiges romains de Volubilis constituent une étape agréable pour les amateurs d'histoire. Passez par Meknès puis Azrou, avant de mettre le cap plein sud et de contourner les montagnes du Moyen Atlas et leurs magnifiques forêts de cèdres.

jour 4

Erfoud – Merzouga

Progressez plein sud jusqu'aux célèbres dunes de Merzouga, aux portes du désert du Sahara. En chemin, découvrez différentes palmeraies et la ville d'Erfoud, capitale des dattes au sud du Maroc. Un peu plus loin, le hameau d'El-Bouiya abrite une nécropole berbère des premiers siècles avec ses milliers de tombeaux. Le soir venu, installez votre premier bivouac dans le désert.

Maroc

La musique gnaoua

Les Gnaouas sont les descendants des esclaves venus d'Afrique noire (Sénégal, Soudan, Ghana) jusqu'au Maroc pour y construire des palais et renforcer les armées de l'empire Mouahidi. Ils se sont regroupés en confréries où se rassemblaient musiciens (*mâalem*) et instrumentistes (*qraqech*). Leur musique, empreinte de spiritualité, aborde le thème de l'esclavage, de l'islam et de la liberté. Elle s'accompagne de danses mystiques sacrées. Elle fusionne avec l'âme et puise son essence au plus profond des traditions ancestrales marocaines.

Essaouira

Marrakech

jour 5

Méharée dans l'erg Chebbi

Participez à une méharée à travers les dunes de l'erg Chebbi, en compagnie des chameliers du désert. La caravane progresse au rythme sûr des dromadaires vers un autre bivouac. Contemplez le coucher du soleil sur la dune, dégustez du thé à la menthe berbère, savourez un repas typiquement marocain sous la tente nomade.

jour 6

Gorges du Todra

Suivez la route jusqu'aux gorges du Todra. Quelques beaux ksour méritent le détour. La route traverse d'immenses plateaux désertiques, puis progresse à travers la montagne en remontant la vallée de Todra, ses palmeraies et de nombreux villages berbères. Les gorges du Todra figurent parmi les plus beaux sites naturels du pays. Cette faille massive au fond de laquelle coule une rivière cristalline culmine à 300 m en son point le plus étroit. Visitez les gorges à pied.

jour 7

Gorges du Dadès – Skoura

Profitez d'une remontée des gorges du Dadès, un autre lieu magique du Sud marocain. Les paysages sont à couper le souffle. Empruntez la piste jusqu'au beau village de Boutaghrar, au bord de la vallée de M'goun, appelé également « jardins de l'Atlas ». Descendez le long de la vallée à travers de nombreux ksour. Continuez par la route des mille kasbahs vers la ville de Skoura et sa resplendissante palmeraie.

jour 8

Ouarzazate – Ait Ben Haddou

Rendez-vous à Ouarzazate, ville de kasbahs et du septième art. C'est ici qu'on a tourné les plus grandes productions cinématographiques des 10 dernières années. Continuez jusqu'à Ait Ben Haddou, où une étape s'impose. C'est sans doute le plus beau ksar de tout le Sud marocain. Ce château de sable est posé comme par magie sur un champ d'amandiers. La kasbah est classée au patrimoine mondial de l'UNESCO.

jours 9 et 10

Marrakech

Prenez la route jusqu'à Marrakech. La « piste du sel » remonte la vallée de l'Ounilla, chère au peintre orientaliste Majorelle. À Télouate, visitez l'ancienne demeure du pacha Glaoui, une vraie splendeur. En ville, vous découvrirez une foule de choses à voir et à ressentir : les ruelles typiques, les palais, les tombeaux saadiens, le beau jardin de Majorelle, les souks, la place Djamaa El Fna. Marrakech est aussi cette Arabie comme on l'a souvent présentée dans les romans, celle des grandes places publiques où s'agitent des vendeurs de toutes sortes au milieu des charmeurs de serpents, des conteurs et des jongleurs.

jour 11

Marrakech – Oukaïmeden

Partez pour les montagnes du Haut Atlas. Rencontrez les muletiers sur les pâturages de l'Oukaïmeden. Lors d'une randonnée, franchissez le petit col de Tizi N'Oukaïmeden (2 700 m), qui dévoile un panorama sur le cirque des 4 000 m et le fameux mont Toubkal. Passez la nuit chez l'habitant, en montagne.

jour 12

Oukaïmeden – Imi Oughlad – Essaouira

Marchez à travers les montagnes de l'Atlas. Passez un petit col pour basculer de la vallée d'Anemane au village d'Imi Oughlad. Prenez la route de montagne jusqu'à la plaine de Haouz, avant de mettre le cap sur l'Atlantique et la ville d'Essaouira.

jours 13 et 14

Essaouira

Célébrée pour la gentillesse de ses habitants et son atmosphère attachante, Essaouira est une ville portuaire animée par ses artistes et ses pêcheurs. Elle possède un patrimoine architectural remarquable avec sa superbe médina, ses mosquées et ses remparts.

Le Festival de musique gnaoua met en scène les grands *mâalemines* (maîtres) qui jouent la musique sacrée des Gnaouas. L'événement rassemble quelques centaines de milliers de visiteurs du monde entier pour célébrer « la fièvre gnaoua ». Le métissage musical et culturel fait vibrer la ville jour et nuit.

Le Maroc à la carte

Royaume du Maroc
Capitale Rabat
Langue officielle Arabe
Autres langues Français, espagnol, berbère
Religion Islam

Étiquette Accepter l'invitation à prendre le thé à la menthe est une marque de respect.
Un plat Un bon tajine familial (ragoût de viande ou de poisson accompagné de légumes et d'épices).
Un artiste Le groupe mythique Nass el-Ghiwan, célèbre dans les années 1970 pour ses textes engagés, a créé une véritable révolution musicale au Maroc.

26 Bolivie

À la rencontre des peuples des Andes

boucle au départ de La Paz

nombre de jours 7

Inoubliable...

- *Randonner au cœur de l'une des plus belles cordillères au monde.*
- *Découvrir l'univers des hautes montagnes en franchissant un col à plus de 5 000 m d'altitude.*
- *Bivouaquer, le soir venu, dans un cadre majestueux.*
- *Découvrir les rituels dédiés à la Pachamama.*

Un voyage ultime, loin, très loin des sentiers battus. L'itinéraire au cœur de la cordillère de l'Apolobamba vous invite à cinq jours de marche parmi les plus hauts sommets du pays. De bivouacs majestueux en panoramas de hautes montagnes, allez à la rencontre de communautés quechuas et aymaras, et découvrez avec bonheur leurs traditions séculaires.

Pourquoi en juin?

En haute saison, de mai à octobre, le ciel se revêt généralement d'un bleu étincelant. En haute altitude, ça fait toute une différence!

La Pachamama

La Pachamama est la déesse de la Terre-Mère. Elle est honorée depuis l'époque des Incas jusqu'à nos jours, de l'Argentine au Pérou en passant par le Chili, la Bolivie,... enfin partout où les Quechuas et Aymaras perpétuent leurs traditions. Depuis toujours, ils déposent de nombreuses offrandes sur le sol aux endroits sacrés et en certaines occasions, pour prouver leur attachement à celle qu'ils considèrent comme la créatrice de toute chose en ce monde, une grande figure féminine, vivante et sensible.

Itinéraire

jour 1

La Paz – Charazani

Au départ de La Paz, la route longe le lac Titicaca pour rejoindre la communauté d'Achacachi, puis s'élève à plus de 4 700 m et franchit le col qui permet d'aboutir enfin aux sources thermales du petit village de Charazani.

jour 2

Curva – Jatunpampa

Savourez votre première journée d'expédition à pied entre lagunes et villages reculés ! Au creux d'une vallée profonde, le petit village de Curva côtoie l'Akamani, un impressionnant massif haut de 5 700 m. Plus loin, une fois les rivières Canisaya et Llolla traversées et après avoir franchi le col d'Atampampa, vous installerez le bivouac pour la nuit à Jatunpampa, à près de 4 300 m d'altitude.

jour 3

Inca Kancha

Le sentier conduit vers la fabuleuse vallée d'Inca Kancha. Il serpente d'abord jusqu'à l'Apacheta Muro Quarqa, un lieu de culte aymara perché à 4 558 m, que les passants, hier comme aujourd'hui, honorent selon le rituel dédié à la Pachamama, la Terre-Mère. Après la cérémonie de rigueur, poursuivez votre ascension vers l'Apacheta Tambillo (4 680 m), désormais protégé par la déesse, jusqu'au campement du soir.

jour 4

Apacheta Mil Curvas – Apacheta Viscachani

Le chemin joue aux montagnes russes entre l'Apacheta Mil Curvas, Quellwaquotas et l'Apacheta Viscachani (4 836 m). Il n'est pas rare que camélidés andins et moutons se joignent à la marche. Sur les hauteurs, un panorama à couper le souffle s'ouvre sur les cimes enneigées au loin. En fin de journée, vous redescendrez pour dormir à proximité de la rivière.

jour 5

Apacheta Sunchulli – Hilo Hilo

Journée mémorable au cours de laquelle vous grimperez à plus de 5 000 m en franchissant le superbe col de l'Apacheta Sunchulli (5 060 m) dans une atmosphère de hautes montagnes. Au sommet, en plus de la vue sur la cordillère de

Bolivie

Lac Titicaca

Vigognes

l'Apolobamba, vous embrasserez du regard tout le paysage. Pause bien méritée pour se reposer et savourer ce moment d'exception. La descente qui suit est abrupte. Vous suivrez le lit du Río Piedra Grande jusqu'aux communautés de San Juan et Hilo Hilo, pour finalement rejoindre le campement au bord du Río Palca.

jour 6

➤ Apacheta Keansani – Pelechuco

Pour clore en beauté cette randonnée hors du commun, l'Apacheta Keansani (4 900 m) offre un point de vue sur l'ensemble du chemin parcouru les jours précédents. À l'arrivée au village de Pelechuco, savourez enfin le plaisir d'une nuitée en auberge. Pelechuco est remarquable à plus d'un titre. Fondé en 1560 par des missionnaires jésuites, il présente notamment une architecture traditionnelle remarquablement conservée.

jour 7

➤ La Paz

Revenez à La Paz et, par le fait même, à la civilisation! Profitez de l'occasion pour visiter le parc Ulla Ulla, la plus grande réserve de *vicuñas* (vigognes) sauvages du pays.

La Bolivie à la carte

État plurinational de Bolivie

Capitale La Paz (capitale administrative) et Sucre (capitale constitutionnelle)

Langue officielle Depuis 2009, une nouvelle constitution proclame les langues indigènes officielles au même titre que l'espagnol. Le pays est donc doté désormais de 36 langues officielles.

Religion Catholicisme (très grande majorité de la population)

Un plat *Anticuchos* (cœurs de bœuf pimentés)

Un artiste La célèbre *Lambada* qui a fait le tour du monde est en fait une reprise (un plagiat selon certains) de la chanson *llorando se fue* du groupe phare bolivien Los Kjarkas/Pacha.

juillet

27 Serbie et Monténégro

Vestiges anciens et musiques actuelles

de Belgrade (Serbie) **à** Sveti Stefan (Monténégro) **nombre de jours** 8

Inoubliable...

- *Vibrer en musique durant deux jours au festival EXIT de Novi Sad.*
- *Explorer le Monténégro et son célèbre fjord du Kotor.*
- *Sillonner la Serbie centrale, aux panoramas enchanteurs.*

Au fil du Danube, la Serbie et le Monténégro sont une invitation à partir à la découverte des alpages de montagnes, des forêts profondes et de petits villages pittoresques. Cet itinéraire vous mène de Belgrade, capitale de la Serbie, jusqu'au plus méridional des fjords d'Europe, le célèbre Kotor, sur la côte Adriatique du Monténégro, où alternent forteresses naturelles, falaises et plages. Découvrez des villes chargées d'histoire, marquées par l'empreinte des arts et des cultures de la région.

➤ Pourquoi en juillet ?

C'est le mois parfait pour profiter des plages du Monténégro, lorsque la température de la mer Adriatique monte de quelques degrés ! C'est également le moment de prendre le pouls de la jeunesse serbe, au festival de musique actuelle EXIT qui se tient chaque année en juillet à Novi Sad.

Monastère de Studenica

Novi Sad

Itinéraire

jour 1 ➤ Belgrade (Serbie)

Du Musée national, sur la place Terazije avec sa statue du prince Mihailo Obrenovic III, jusqu'à la rue piétonne Skadarska et ses restaurants typiques, ses peintres et ses musiciens tziganes, parcourez la capitale à votre rythme. Au cœur du parc de Kalemegdan, l'ancienne forteresse médiévale de Belgrade domine la Save et le Danube, et s'ouvre sur un panorama grandiose jusqu'à la cathédrale Saint-Sava, consacrée au fondateur de l'Église orthodoxe serbe. Plus grande église orthodoxe des Balkans, construite dans les années 1980 dans un style serbo-byzantin, ses dimensions pharaoniques permettent d'accueillir jusqu'à 12 000 fidèles.

jours 2 à 4 ➤ Novi Sad

Située sur une boucle du Danube, Novi Sad, la capitale de la région de Voïvodine, est placée depuis le XVIIIe siècle sous la protection de la vieille forteresse de Petrovaradin, bastion avancé de la défense des Habsbourg face aux armées ottomanes. La vieille ville a gardé la marque de l'architecture austro-hongroise baroque et néoclassique. Plusieurs galeries d'art méritent le coup d'œil. Poursuivez la visite dans le parc de Fruska Gora et les monastères des XVe et XVIe siècles, et terminez la journée par une croisière sur le Danube.

Si vous êtes amateur de musique, consacrez ensuite deux jours à la découverte du festival EXIT : une vingtaine de scènes de dimensions et de style musical variés, 96 heures de spectacles en continu, quelques 50 têtes d'affiche internationales et plus de 800 artistes attendus. Bienvenue au plus grand festival de musique d'Europe du Sud-Est !

jour 5 ➤ Kraljevo – Cacak

Charmante ville entourée d'eau, avec ses nombreuses ruelles et ses petits musées, Kraljevo est réputée pour les bienfaits de ses cures thermales. Plus loin, parcourez la région de Cacak, le temps d'une promenade entre les petits monastères et les célèbres gorges de Kablar.

Kotor

Mont Lovćen

Le festival EXIT

Créé en l'an 2000 par trois étudiants de l'Université de Novi Sad, ce festival se voulait alors une manifestation de dissidence contre le régime de Milosevic. Fort de son succès, il a su rallier plusieurs organisations non gouvernementales et sociétés commerciales, dès lors impliquées dans son fonctionnement. En 2007, UK Festival Awards et Yourope – l'association des 40 plus importants festivals d'Europe – ont récompensé le festival EXIT en le désignant comme le meilleur festival d'Europe. Le fait qu'il se tienne au cœur de l'incroyable forteresse de Petrovaradin n'est certainement pas étranger à son succès. Son soutien aux valeurs sociales et démocratiques en fait également un symbole de liberté pour les quelque 50 000 festivaliers d'ici et d'ailleurs dans le monde. Favorisant le développement des échanges entre les pays des Balkans et le reste du monde, le festival EXIT est devenu le plus important rendez-vous des musiques rock, électronique et *dance* de toute l'Europe du Sud-Est!

jour 6

Studenica – Maglic – Novi Pazar

Véritable bijou d'architecture, le monastère de Studenica était un sanctuaire religieux de premier ordre, ainsi qu'un centre littéraire et artistique à l'époque du tsar Dusan. Découvrez également la forteresse de Maglic, qui se dresse, impressionnante, sur un promontoire rocheux. Au sommet du donjon, la vue sur le fleuve et le paysage aride est magnifique! Visitez la mosquée d'Alem Dzamija, vestige de la forteresse turque de Novi Pazar, ville typiquement musulmane du sud de la Serbie, entourée de quelques-uns des plus beaux monastères orthodoxes du pays. Celui de Sopocani en est un bel exemple, pour tous ceux qui souhaitent admirer l'ampleur de l'art médiéval serbe.

jour 7

Mont Lovćen (Monténégro)

Partez explorer le Monténégro historique en commençant par le mont Lovćen, avec lequel les Monténégrins entretiennent une relation presque religieuse. Parc national, pentes rocheuses, hauts sommets et villages pittoresques, voilà une région au panorama exceptionnel. Au sommet du mont Lovcen, à près de 1 700 m d'altitude, découvrez le

Sveti Stefan

mausolée du poète Njegos. Philosophe du XIXe siècle, il fut gouverneur, poète, évêque et le plus grand chef de file de la résistance contre les Turcs. Pour les Monténégrins, Njegos est un véritable symbole de la lutte pour la liberté.

jour 8

➤ Herceg Novi – Kotor – Risan – Tiva – Budva – Sveti Stefan (Monténégro)

Dans un décor somptueux de montagnes ciselées par la mer, découvrez le fjord du Kotor. Alentour, les petites villes de Herceg Novi, Kotor, Risan et Tiva sont des trésors d'histoire, d'art et de beauté. La baie de Boka Kotorska, comme on la nomme, est inscrite au patrimoine mondial de l'UNESCO. Continuez vers Budva, une étape estivale incontournable pour les amateurs de plein air et de musique. Et pour bien terminer la journée, rendez-vous sur la presqu'île de Sveti Stefan, où confort et tranquillité en font la «perle du Monténégro»

La Serbie à la carte

République de Serbie
Capitale Belgrade
Langue officielle Serbe
Religion Christianisme orthodoxe

Le Monténégro à la carte

République du Monténégro
Capitale Podgorica
Langue officielle Monténégrin (version du serbo-croate)
Religions Christianisme orthodoxe, islam

28 Indonésie

Perle de Bali, Java insolite et paradis de Karimunjawa

de Ubud (Bali) **à** Semarang **nombre de jours** 14

Inoubliable...

- *S'imprégner de l'atmosphère des rizières à vélo.*
- *Faire l'ascension du cratère Kawah Ijen au petit matin.*
- *Profiter des plages de sable blanc secrètes dans un archipel hors du monde.*
- *Flâner à Yogyakarta et découvrir ses temples hindouistes javanais.*

Cet itinéraire est une longue traversée au départ de Bali jusqu'aux îles isolées de Karimunjawa dans la mer de Java. Il parcourt les plus beaux paysages des îles, dont certains hauts lieux touristiques comme Ubud, le Kawah Ijen ou encore Borobudur... combinés à des visites qui sortent de l'ordinaire et à des randonnées inédites. Partez sur les routes entre volcans, offrandes rituelles et rizières à perte de vue. Puis rejoignez l'archipel de Karimunjawa, 27 îles paradisiaques hors des sentiers battus, au sable blanc et à la mer turquoise, qui font le bonheur des passionnés de plongée sous-marine et des amateurs de calme et de farniente.

Pourquoi en juillet ?

C'est le cœur de la saison sèche, la meilleure période pour profiter des îles. Pour les plus férus de volcanologie, le meilleur moment est tout simplement celui d'une éruption. Lorsqu'un de ces géants commence à cracher du feu, une foule de passionnés, venus des quatre coins de la Terre, se hâtent d'assister au spectacle. Les volcanologues sécurisent les sites et les adaptent pour les visiteurs.

Volcan Bromo

Temple Ulun Danau

Itinéraire

jours 1 et 2 — Ubud (Bali)

Au cœur de l'île des dieux, le village d'Ubud est un véritable recueil d'art balinais, qu'il s'agisse d'art traditionnel, ou plus contemporain comme celui exposé au musée Blanco. Rejoignez ensuite le village de Tampaksiring pour une visite des sites les plus pittoresques de l'île : le temple de Gunung Kawi, situé sur les berges de la rivière Pakrisan, bordée de rizières, le temple hindou Tirta Empul et la grotte Goa Gajah. Le lendemain, profitez de la relative fraîcheur matinale pour faire une balade à vélo à travers les rizières des environs. Le vélo est un moyen très agréable pour découvrir à son rythme les paysages et s'imprégner de l'atmosphère locale. À Bali, il ne se passe pas une journée sans que soit célébrée une fête religieuse. Si vous êtes au bon endroit au bon moment, vous pourrez en contempler une.

jours 3 et 4 — Munduk

Route vers le nord de l'île jusqu'au village d'altitude de Munduk. Jadis colonisé par des planteurs hollandais, le

Batik

Pour les Occidentaux, le batik est un simple morceau de tissu. Mais, pour les Indonésiens, il s'agit d'un art hérité de plusieurs siècles de traditions. Le batik s'inscrit au patrimoine immatériel de l'UNESCO, porte en lui les symboles d'un peuple mystique. Il accompagne chacun tout au long de sa vie, depuis la naissance, alors qu'on confectionne un batik pour accueillir le bébé, jusqu'au dernier jour. La technique de fabrication d'un batik consiste à enduire de cire un morceau de tissu, puis de la retirer par endroits pour y appliquer de la couleur. C'est ainsi que des motifs extrêmement raffinés se dessinent. C'est un travail essentiellement féminin, et l'on aperçoit souvent les femmes assises sur le pas de leur porte, appliquées à ce travail minutieux. On trouve aujourd'hui des batiks dans le monde entier, la plupart venant de Chine et à base de couleurs synthétiques. Le batik est pourtant originaire de Java, au cœur de l'Indonésie.

village est de nos jours un véritable havre de tranquillité et d'air frais, loin de l'activité touristique du sud de l'île. Au lac Bratan, le temple Ulun Danau semble littéralement flotter sur l'eau. Après la visite, rendez-vous au jardin botanique de Bedugul, qui recèle quelques-unes des plus belles fleurs et épices de l'île. Le lendemain, partez pour une randonnée à travers les villages des alentours. On dit que tout pousse sur ces flancs de montagne humides au sol fertile. Vérifiez-le par vous-même !

Étourneaux de Rothschild

jour 5

➤ Parc Bali Barat

Rejoignez la côte nord-ouest de Bali pour séjourner en plein cœur du parc Bali Barat, principale réserve naturelle de l'île, pour admirer la faune sauvage : cerfs, sangliers, étourneaux de Rothschild (une espèce endémique)…

jour 6

➤ Volcan Merapi

Prenez le traversier sur le détroit qui sépare Bali de Java. À Ketapang, empruntez une route de montagne jusqu'aux flancs du volcan Merapi, pour passer la nuit au beau milieu des rizières de montagne.

jour 7

➤ Cratère Kawah Ijen

À l'aube, départ pour l'ascension du cratère Kawah Ijen. L'environnement est stupéfiant : un cratère d'altitude avec un lac vert émeraude et une chaîne de volcans à l'horizon. Mais vous n'êtes pas seul à vous y rendre. En effet, le Kawah Ijen est aussi une véritable industrie du soufre à ciel ouvert où, chaque jour, des centaines de porteurs se pressent au fond du cratère pour puiser ce minerai jaune, utilisé notamment dans l'industrie pharmaceutique. Ironie du sort pour ces hommes qui, au prix de leur santé, abattent un travail de forçat pour la santé des autres.

jour 8

➤ Mont Pananjakan

Encore un départ à l'aube pour assister à un lever de soleil unique au sommet de la caldera, sur le mont Pananjakan. De ce point de vue en altitude, même le Semeru et son sommet éruptif à 3 670 m paraissent à proximité. Au soleil levant, la lumière découvre tout doucement la caldera, avec, au premier plan, le volcan Batok et son voisin, le volcan Bromo. Ce dernier est d'ailleurs toujours actif. Vous pourrez entreprendre une randonnée autour de son cratère si les conditions météorologiques le permettent.

jours 9 et 10

➤ Yogyakarta

Départ matinal pour Yogyakarta. Découverte du centre historique de cette ville riche, l'une des plus anciennes de Java. Le Kraton (palais du Sultan) et les bassins de Taman Sari permettent de mieux comprendre l'histoire musulmane du pays. Le lendemain, une randonnée au départ du temple Ijo mène au cœur de la vie rurale de Yogyakarta à travers les forêts de tecks. Au fil du sentier longeant d'anciennes coulées de lave d'un volcan aujourd'hui éteint, allez explorer les temples hindous oubliés en pleine nature, avant d'arriver au fameux temple Prambanan.

Karimunjawa

jour **11**

➤ Borobodur

Direction la région de Borobudur et son incroyable temple bouddhique. Partez à la découverte des alentours en vélo tout-terrain. En chemin, prenez le temps d'échanger avec les habitants ; c'est l'occasion, par exemple, d'en apprendre plus sur la confection du tofu ou la préparation de l'argile pour la poterie. Vous rejoindrez finalement le Nirwana après l'ascension du plus gros temple bouddhique au monde.

jours **12 et 13**

➤ Karimunjawa

Roulez jusqu'à Semarang le long des routes vallonnées de Java. Puis montez à bord d'un bateau pour rejoindre l'archipel de Karimunjawa. Sur l'île Tortue, les plages sont désertes et le repos est de mise.

jour **14**

➤ Semarang

Retour à la civilisation. Visite de la ville de Semarang et, notamment, du centre historique avec son fameux Lawang Sewu, ce bâtiment aux mille portes révélant admirablement l'histoire coloniale de Java.

L'Indonésie à la carte

République d'Indonésie
Capitale Jakarta
Langue officielle *Bahasa indonesia* (malais indonésien)
Religions Islam à Jakarta, bouddhisme et hindouisme à Bali
Étiquette Ne marchez pas sur les offrandes traditionnelles à Bali.
Un plat *Babur ayam* (bouillie habituellement sucrée, faite de poulet, de riz noir gluant ou de haricots mungos).
Une personnalité Abdullah Gymnastiar est une superstar de la télévision indonésienne. Les partis politiques se l'arrachent.

29 Namibie

Immersion en terre himba

boucle au départ de Windhoek **nombre de jours** 12

Inoubliable...

- *Rencontrer les Himbas et échanger avec eux sur leur culture.*
- *Suivre le lit des rivières à la recherche du rhinocéros noir et du koudou.*
- *Parcourir le désert mythique du Kaokoland.*

Au milieu des grands espaces désertiques du nord-ouest de la Namibie, un peuple a su s'adapter aux rudes conditions de la région. Farouches au développement et à la vie moderne, les Himbas, éleveurs et nomades, restent fidèles à leurs origines et conservent leurs traditions avec la plus grande fierté. C'est aussi dans ces zones arides que la faune a conservé tous ses droits et circule en toute liberté, sans grillage ni barbelés. Les éléphants, parmi d'autres, ont eux aussi su s'adapter.....

➤ Pourquoi en juillet?

Avril à septembre constitue la saison idéale pour voyager en Namibie. Les températures plus fraîches rendent le séjour plus agréable.

Oryx, parc national d'Etosha

Itinéraire

jour 1

➤ Windhoek

Windhoek, la capitale de la Namibie, se trouve à 1 650 m d'altitude, au milieu du plateau central. C'est dans le faubourg de Katutura que vit la majorité de la population.

jours 2 et 3

➤ Parc national d'Etosha

Route vers le nord en direction de la ville d'Otjiwarongo d'abord, puis du parc national d'Etosha. Ce parc est l'une des plus importantes réserves naturelles d'Afrique, et l'une des plus anciennes également, datant de 1907, à l'époque où la Namibie s'appelait encore le «Sud-Ouest africain» et était une colonie allemande. La réserve est aujourd'hui clôturée. En soirée, il est souvent possible d'observer certains des animaux les plus fantastiques de la région, comme les rhinocéros noirs. Le lendemain, partez de bon matin et offrez-vous une journée de safari-photo au cœur de ce qui est sans conteste l'un des plus beaux tableaux de la vie sauvage du monde: 114 espèces de mammifères, 340 variétés d'oiseaux et 110 espèces de reptiles.

Le peuple Himba

Dans le nord-ouest de la Namibie, le désert du Kaokoland est le territoire du peuple Himba, le «peuple rouge». Les Himbas seraient actuellement entre 10 000 et 15 000 en Namibie. Ce peuple semi-nomade vit principalement de son bétail et habite dans des campements disséminés dans le désert. Les Himbas y élèvent leurs troupeaux de vaches et de chèvres. Chaque campement himba accueille quelques familles. Les habitations ont une forme conique et sont fabriquées en branchages de mopane et de palmier makalani, parfois recouvertes d'un mélange de bouse et de terre. Elles sont remarquablement bien conçues pour résister aux fortes chaleurs du désert.

Depuis une vingtaine d'années, le projet de barrage d'Epupa menace d'anéantir le territoire des Himbas. Les décisions prises par le gouvernement namibien ont exclu les représentants de la communauté Himba, et de nombreuses organisations non gouvernementales se sont mobilisées pour réagir contre ces violations de droits fondamentaux. Mais d'autres menaces pèsent également sur le mode de vie fragile de ce peuple. Le tourisme, par exemple, doit être pratiqué avec intelligence, respect et redistribution des bénéfices. Katjaimbia Tjambiru, une femme chef de tribu himba, et Solenn Bardet, géographe et écrivain qui a partagé la vie des Himbas entre 1993 et 1996, ont créé l'association Kovahimba, qui s'est donné pour objectif d'aider ce peuple nomade à protéger et à valoriser sa culture ancestrale, condition nécessaire pour sa reconnaissance, son développement et le respect de ses droits.

Namibie

Parc national d'Etosha

jour 4

Opuwo

Opuwo est la capitale du Kaokoland, vaste étendue désertique à la frontière avec l'Angola, où les dunes viennent mourir dans l'océan Atlantique. Ce territoire aride est le lieu de vie des Himbas.

jours 5 et 6

Orupembe – Etembura Camp

Départ pour l'ouest en direction d'Orupembe. À mesure que vous pénétrez dans le désert, la configuration du terrain change. La piste est plus délicate, la grandeur et la beauté des paysages prennent de l'ampleur. C'est le point de départ de votre immersion en terre himba ! Le long du parcours, vous aurez l'occasion de rencontrer quelques petits villages. L'Etembura Camp est le premier camp namibien appartenant aux Himbas. Établi sur une colline, il bénéficie d'un point de vue grandiose. Il permet surtout de redistribuer directement les bénéfices du tourisme au sein de la communauté. En soirée, conversez avec les *rangers* himbas pour en connaître un peu plus sur leur travail et leur culture si riche. Le lendemain, partez explorer les réserves de résine et de myrrhe. Les femmes himbas récoltent (en saison) la résine du *Commiphora wildii*, une plante parfumée rendue célèbre par les trois hommes sages de la Bible. Vous apprenez comment l'IRDNC, une ONG locale, a assisté ces femmes pour qu'elles puissent bénéficier de revenus annuels et commercialiser leur récolte auprès de grandes compagnies internationales de cosmétiques. C'est l'occasion de mieux comprendre le défi que représentent la vie dans cet environnement rude et aride et l'adaptation indispensable pour y survivre.

jour 7

Etendeka – Skeleton Coast

Descendez au pied des montagnes et des plateaux de l'Etendeka, zone où les reliefs géologiques reflètent la séparation des continents américain et africain. Puis longez le parc de la Skeleton Coast, réputé pour sa population de lions du désert, avant d'arriver à Puros. Cette vaste région aux paysages grandioses est l'une des zones de conservation où les résultats d'un tourisme équitable sont particulièrement visibles.

jour 8

Puros

Journée consacrée à la découverte de la faune locale. Empruntez le lit asséché de la rivière Hoarusib à la recherche d'éléphants, lions, girafes, oryx et de tout autre

Twyfelfontein

animal qui utilise les ressources de ce cours d'eau éphémère. Contrairement aux parcs nationaux qui sont clôturés, les zones de conservation (*conservancies*) permettent aux animaux sauvages, y compris les prédateurs, de circuler librement au milieu de leur environnement naturel. Cela occasionne parfois des conflits avec les éleveurs.

jour 9

➤ Sesfontein

Engagez-vous aujourd'hui sur la piste du Sud pour découvrir le village de Sesfontein (« six sources »). Cette piste mène à travers les typiques collines de basalte, une particularité géologique caractéristique du Damaraland. Empruntez ensuite le lit de la rivière du Hoanib, une oasis linéaire dont le tracé est marqué par des acacias centenaires, les majestueux arbres Ana.

jour 10

➤ Palmwag

Rendez-vous plus au sud, à la concession de Palmwag, pour partir à la découverte d'espèces méconnues : koudous, springboks, oryx, zèbres des montagnes et le fameux rhinocéros noir qui, grâce aux efforts de conservation réalisés dans cette zone, n'est aujourd'hui plus considéré comme une espèce en voie de disparition.

jour 11

➤ Twyfelfontein

Le site de Twyfelfontein, classé au patrimoine mondial de l'UNESCO, regroupe plus de 2 500 gravures rupestres. Il témoigne de la présence et du mode de vie des premiers habitants de l'Afrique australe : les Sans, que l'on connaît plus communément sous le nom de « Bushmen ». Juste à côté se dressent les orgues basaltiques et la Montagne Brûlée, témoins eux aussi de la dérive des continents.

jour 12

➤ Omaruru – Windhoek

Quittez le Damaraland en direction de la petite ville d'Omaruru, où la visite du vignoble Kristal Kellerei et une dégustation de vin terminent en douceur ce périple hors du commun.

La Namibie à la carte

République de Namibie
Capitale Windhoek
Langue officielle Anglais
Religion Christianisme (environ 80% de la population)

Étiquette Chez les Himbas, l'eau est parfois taboue, et utilisée selon certains codes.
Un plat De la choucroute avec une bière (colonisation oblige).
Une personnalité Frankie Fredericks a été champion du monde de 200 m en course.

30 Tanzanie

L'ascension du Kilimandjaro

de Machame **à** Zanzibar **nombre de jours** 11

Inoubliable...

- *Gravir 5 892 m pour rejoindre le sommet du Kilimandjaro.*
- *Assister au lever du jour sur la savane.*
- *Se baigner dans les eaux transparentes de Zanzibar.*
- *Observer girafes et antilopes dans leur habitat naturel.*

Grimpez sur le toit de l'Afrique! Le Kilimandjaro est l'un des symboles du continent africain, l'un de ces sommets que tout passionné de montagne souhaite gravir un jour. En fait, toute personne en très bonne condition physique peut en effectuer l'ascension. Il existe plusieurs voies d'accès pour parcourir les 5 892 m jusqu'au sommet. La voie Machamé, itinéraire plus «sportif», fait découvrir des paysages particulièrement splendides! Elle emprunte un parcours différent pour l'ascension et la descente, et permet de profiter plus longuement de la montagne. Le voyage se termine en beauté entre les girafes du parc national d'Arusha et les plages de sable blanc de Zanzibar.

Pourquoi en juillet ?

Les mois d'été sont recommandés pour effectuer une bonne ascension. Ils permettent en effet d'éviter les pluies qui tombent souvent à d'autres périodes de l'année. En contrepartie, les températures sont plus froides, surtout en altitude où elles peuvent descendre à –20°C. Il convient donc de s'habiller chaudement.

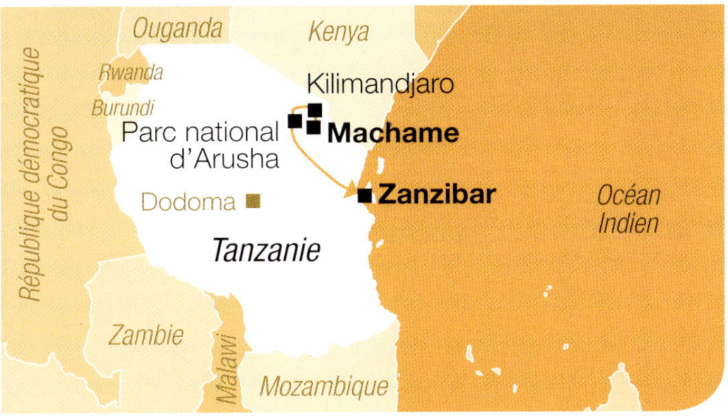

Les neiges éternelles du Kilimandjaro

La silhouette du mont Kilimandjaro, qui se détache majestueusement sur la savane africaine, est indéniablement liée à ses neiges éternelles. Mais depuis le début du siècle dernier, elles ont fondu à vue d'œil, et les prévisions annoncent leur disparition complète d'ici 2020. Le réchauffement climatique, entraînant avec lui une diminution des averses de neige, explique en partie cette disparition. Mais c'est la déforestation qui est principalement mise en cause. Malgré la création du parc national de Kilimandjaro dans les années 1970, la savane gagne peu à peu du terrain sur la forêt, en raison des cultures et pâturages des populations locales. Nombreux sont les scientifiques qui jugent le processus irréversible. Selon eux, les neiges éternelles auront bientôt disparu, et avec elles, les seules neiges tropicales du monde.

Itinéraire

jour 1 — Machame

Au départ du village chaga de Machame, l'aventure commence en suivant le sentier à travers une forêt d'hévéas (l'arbre dont on retire le caoutchouc) et de fougères géantes à barbes de lichen. À mesure que vous grimpez, la bruyère fait son apparition et le panorama devient grandiose. Premier campement près de Machame Hut, à 3 050 m d'altitude.

jour 2 — Shira

En quittant le campement, vous apercevrez le sommet Uhuru qui se dresse, impressionnant, à l'horizon. Le sentier serpente entre les hautes herbes et les premières pierres volcaniques, et les fameux séneçons géants font leur apparition. Ce sont de gigantesques cactus, hauts de plusieurs mètres, parmi lesquels on a parfois l'impression de fouler une nature vierge de toute présence humaine. Puis le sentier conduit jusqu'au plateau de Shira à travers un paysage de laves volcaniques, de grottes et de ruisseaux moussus. Le campement de Shira est situé à 3 690 m.

jour 3 — Barranco

Aujourd'hui, la montée est régulière jusqu'au col de Lawa Tower, situé à 4 570 m. Puis la descente vers le Barranco Camp conduit au bord d'un gigantesque canyon, le Grand Barranco. Les séneçons poussent à foison, très arrosés par les innombrables petites cascades qui y convergent. Installation du bivouac à 3 940 m.

jour 4 — Karanga

Journée d'acclimatation dans la région de Karanga. Étape idéale pour se reposer, car l'altitude commence à se faire

Zanzibar

Uhuru Peak

ressentir. L'occasion également d'admirer le magnifique panorama qu'offre cette région. Nuit au bivouac de Karanga.

jour **5**

> Barafu

Après une longue traversée durant laquelle le sentier joue les montagnes russes, vous remontrez une première moraine glaciaire jusqu'au camp de Barafu, perché à 4 550 m d'altitude. Sur la droite, le Mawenzi s'offre à la vue, majestueux. Et au-dessus de votre tête, votre objectif, le Kibo.

jour **6**

> Uhuru Peak – Mweka Hut

Départ au milieu de la nuit pour une montée (très fraîche) sous les étoiles jusqu'au pied des glaciers Ratzel et Rebman. L'ascension débute ici. La pente est raide ; l'ambiance, irréelle entre ces glaciers suspendus de part et d'autre. Aux premières lueurs de l'aube, vous parvenez enfin sur le bord du cratère, et il ne reste plus qu'à vous engager dans la neige le long de la crête pour atteindre le sommet de l'Uhuru Peak (5 895 m). Vous redescendrez ensuite vers le dernier campement, le temps d'une pause bien méritée. Puis vous regagnerez Mweka Hut après quatre à cinq heures de marche. Nuit en bivouac.

jour **7**

> Mweka Hut – Arusha

Descente directe jusqu'aux portes du parc après six à sept heures de marche. Route vers Arusha et repos dans un *lodge* confortable.

jour **8**

> Parc national d'Arusha

Journée de safari-photo dans le parc national d'Arusha. Ce petit parc, niché au pied du mont Meru, est l'un des plus beaux sites de Tanzanie. Superbe vue sur le Kilimandjaro, surtout en soirée. Parmi les animaux le plus souvent rencontrés figurent girafes, antilopes (dont le *bushbuck* ou « guib harnaché »), hippopotames, buffles, et surtout le colobe noir et blanc, singe mascotte du parc.

jours **9 à 11**

> Zanzibar

Dès votre arrivée dans l'archipel aux épices, laissez-vous charmer par l'ambiance insulaire, les plages paradisiaques, les marchés colorés, les ruelles étroites où flâner et les vieilles mosquées. Après tant d'effort, une baignade dans l'océan Indien s'impose... Et pourquoi pas une marche le long de la plage et de ses cocotiers?

La Tanzanie à la carte

République unie de Tanzanie
Capitale Dodoma
Langues parlées Swahili et anglais (aucune langue officielle)
Religions Christianisme (un tiers de la population), islam (un tiers), animisme (un tiers)
Étiquette Considérez les porteurs avec le plus grand respect.
Un plat L'*ugali* (sorte de purée à base de maïs)
Un artiste Freddie Mercury, le regretté chanteur du groupe Queen, Farookh Bulsara de son vrai nom, est né à Zanzibar. Il est toujours considéré comme un enfant du pays.

août

31 Ukraine et Crimée

➤ ***Pourquoi en août?***

C'est le mois idéal pour profiter des joies de la mer Noire, en Crimée ou à Odessa. Il est d'ailleurs préférable de visiter la Crimée en été, car les hivers y sont très froids.

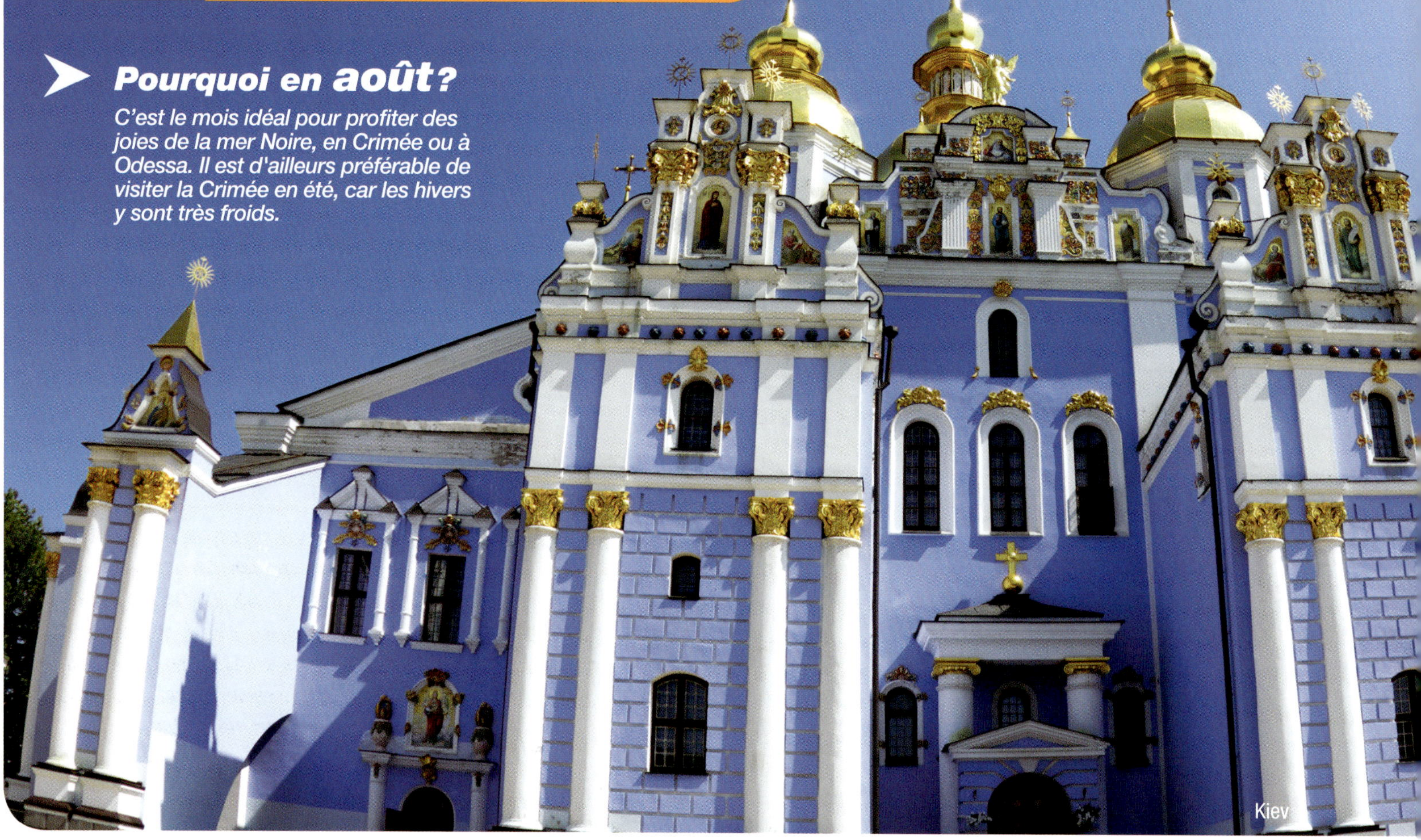

Kiev

JAN FEV MAR AVR MAI JUN JUL AOU SEP OCT NOV DEC

Villes d'histoire et bord de mer

de Lviv **à** Odessa **nombre de jours** 9

Inoubliable...

- *Profiter des eaux turquoise et des bains de boue de la mer Noire.*
- *Découvrir la gastronomie locale au son des chants traditionnels.*
- *Parcourir Kiev et la cathédrale Sainte-Sophie, ainsi que Lviv et la Plochtcha Rynok.*

Détendez-vous le corps et l'esprit entre plages et monastères ! Ce voyage part à la découverte des villes de Kiev et de Lviv, de la presqu'île de Crimée et de la ville d'Odessa, au cachet indéfinissable. Balzac, Twain, Tchekhov, Tolstoï et plusieurs autres écrivains y ont trouvé l'inspiration. Vous y trouverez le repos, entre baignades et bains de boue. Vous goûterez aussi à la cuisine ukrainienne, aux danses et musiques locales avec leurs airs de bandoura qui résonneront dans votre tête longtemps après votre retour.

La Crimée

Cette petite république autonome s'étend, en forme de presqu'île, au sud de l'Ukraine. Seul un petit bras de terre – l'isthme de Perekop – la relie au continent. Mais tout un monde la sépare de l'Ukraine. En Crimée, très peu de gens parlent l'ukrainien, la majorité étant russophone. Malgré un passé historique mouvementé, l'endroit a du charme à revendre, entre steppes, montagnes, parcs naturels, petites criques où pêcher et plages où se prélasser.

Itinéraire

jours **1 et 2**

➤ Lviv

Parcourez celle qui fut le centre historique de la Galicie. La vieille ville de Lviv abrite des trésors d'architecture classés au patrimoine mondial de l'UNESCO. Voyez la grande place du marché (Plochtcha Rynok), quelque 80 églises, la colline du Haut Château, d'où la vue sur la ville est magnifique, et bien sûr le cimetière Lytchakivsky, l'un des plus originaux d'Ukraine.

jours **3 et 4**

➤ Kiev

À Kiev, la capitale du pays, découvrez le monastère de la Pechers'ka Lavra, un haut lieu de pèlerinage, ainsi que la place de l'Indépendance, où vibre encore le souvenir des manifestations de la révolution Orange de 2004. Empruntez la monumentale avenue Khrechtchatyk, bordée d'imposants immeubles staliniens, de commerces et de magasins de mode. Ne manquez pas enfin de découvrir les lieux symboliques que sont la cathédrale Sainte-Sophie, le quartier du Podil (sorte de Montmartre kievien), la rue Saint-André et le musée de Tchernobyl.

jours **5 et 6**

➤ La Crimée : Sébastopol – Balaklava – Yalta – Karadag – Soudak

Baignée par les eaux bleues et limpides de la mer Noire, la République autonome de Crimée est une vieille terre « mythique et légendaire », peuplée historiquement par de nombreuses civilisations.

Relaxez-vous au bord de ses eaux turquoise, sur les plages de Sébastopol et Balaklava. Dégustez la production de vin et de cognac de la région. Visitez Yalta, ville aux nombreux palais kitsch, Bakhtchissaraï et son palais des Khans, Tchoufout-Kalé avec ses vestiges de l'époque tatare et sa ville troglodytique, la réserve naturelle de Karadag aux rochers volcaniques et la forteresse historique de Soudak, située le long de la Route de la soie.

jours **7 à 9**

➤ Odessa

Odessa fut jusqu'à peu le principal port de la côte de la mer Noire. C'est aujourd'hui encore le centre économique et culturel de la région. Du port maritime, on accède au célèbre escalier Potemkine, où le réalisateur Eisenstein tourna la fameuse scène du berceau dévalant les 192 marches dans son film *Le Cuirassé Potemkine*. La ville, aux façades vert pastel, rose fuchsia, bleu ciel et jaune paille, est connue pour avoir inspiré Balzac, Twain, Tchekhov, Tolstoï et Maïakovski, pour ne nommer qu'eux. C'est aujourd'hui une station balnéaire unique au charme indescriptible, où l'on peut profiter des bienfaits des eaux et bains de boue le matin, partir admirer l'Opéra baroque et l'un des sept musées de la ville en après-midi, avant de participer à un spectacle de chants ukrainiens en soirée.

L'Ukraine à la carte

Ukraine
Capitale Kiev
Langue officielle Ukrainien
Autres langues Russe, roumain, hongrois, etc.
Religion Christianisme orthodoxe

Étiquette La plupart des Ukrainiens sont très pieux. Il est traditionnellement mal vu de critiquer cette foi religieuse.
Un plat *Varenyki* (sorte de petits raviolis farcis).
Un artiste Nina Matvienko a chanté une berceuse pour enfants devenue célèbre.

32 Chine, Mongolie, Russie

Le *Transmongolien*

de Beijing (Chine) **à** Saint-Pétersbourg (Russie) **nombre de jours** 20

Inoubliable…

- *Monter à bord du* Transmongolien *et du* Transsibérien.
- *Vivre dans les steppes mongoles en compagnie des nomades.*
- *Découvrir le lac Baïkal.*
- *Parcourir les grandes villes de Beijing, Oulan-Bator, Moscou et Saint-Pétersbourg.*

Un voyage exceptionnel à travers l'Asie et l'Europe, qui débute en Chine, se poursuit en Mongolie et touche à sa fin en Russie. Cet itinéraire hors norme vous conduit depuis Beijing et la Grande Muraille de Chine jusqu'à Moscou et Saint-Pétersbourg, en passant par la steppe mongole et les confins du désert de Gobi. En chemin, partagez le mode de vie des nomades de Mongolie et dormez avec eux sous la yourte. Puis, laissez-vous bercer par le bruit des rails jusqu'au lac Baïkal. Une aventure à la rencontre de paysages et de cultures à part.

Pourquoi en août?

C'est le meilleur moment pour profiter tout à la fois de la steppe mongole, de la Sibérie russe et de la Grande Muraille de Chine. La steppe est alors verdoyante, et les nomades vivent sous les yourtes.

Beijing

Itinéraire

jours 1 à 3

Beijing

Plongez-vous dans l'atmosphère de la capitale chinoise aux contrastes saisissants, entre traditions séculaires et technologies du XXIe siècle ! Les incontournables de la ville sont le Temple du Ciel, la place Tian An Men et, bien sûr, la Grande Muraille de Chine, jadis la « Grande Muraille de 10 000 Li », qui s'étend au loin à travers tout le pays.

jour 4

Désert de Gobi

À la gare de Beijing, montez à bord du train et laissez-vous porter au nord-ouest de la Grande Muraille : destination la Mongolie. Installez-vous confortablement dans votre compartiment et regardez défiler villes, villages et scènes de vie mongoles à travers votre fenêtre. Traversée du désert de Gobi.

Comment vivre sous la yourte

La yourte est l'habitat traditionnel des nomades vivant dans les steppes de Mongolie. On la retrouve également dans plusieurs autres pays d'Asie centrale.

Il s'agit d'une grande tente ronde, en feutre ou peau de bête, avec un poêle au centre et une ouverture au sommet pour évacuer la fumée et laisser entrer la lumière. Toute la famille y vit réunie dans l'unique pièce. Traditionnellement l'intérieur est assez confortable et dispose le plus souvent de lits, d'une table basse et d'une armoire. Dans l'espace réservé à la cuisine, on retrouve les réserves d'eau (précieuses en pleine steppe), la traditionnelle théière, ainsi que l'aïrak ou lait de jument, la boisson préférée des nomades.

Qui dit habitat traditionnel dit traditions à respecter. Pensez à pénétrer dans la yourte avec le pied droit et évitez de traverser entre les piliers centraux. La place d'honneur est située face à la porte d'entrée. Elle est traditionnellement réservée au chef de famille. Le feu qui brûle au centre est sacré, y jeter ses détritus serait considéré comme une offense aux esprits.

Pour s'octroyer les bonnes grâces des esprits, l'hôte peut décider d'inviter les visiteurs à partager une bouteille de vodka. Il verse alors un premier verre, en prenant soin d'en offrir quelques gouttes aux esprits aux quatre points cardinaux. Le verre circule ensuite entre les invités. Il est impoli de décliner cet honneur.

jour 5

Oulan-Bator

Entre le lac Baïkal au nord et la Grande Muraille au sud se cachent le plateau mongolien et le désert de Gobi, jadis fief de robustes cavaliers doués, à la discipline de fer, qui, durant plus de 300 ans, ont pillé et occupé villes et territoires depuis le fleuve Jaune (Huang He) jusqu'au Danube. Au lever du jour, les scènes typiques de la vie traditionnelle nomade s'offrent à vous, tandis que le train roule à vive allure à travers les steppes en direction de la capitale. Oulan-Bator : une contradiction à elle seule ! Métropole au milieu de steppes verdoyantes, où se côtoient ânes et motos, immeubles de béton et yourtes traditionnelles.

jours 6 à 8

Oulan-Bator – Steppes alentour

Visitez le mémorial de Zaïsan et profitez d'une vue panoramique sur la ville. Au grand monastère de Gandan Hiid, vous pourrez vous joindre aux moines bouddhistes et goûter un peu de sérénité, avant de partir vers les grands pâturages à la rencontre des nomades. Deux nuits sur place, sous la traditionnelle yourte mongolienne plantée au milieu de formations rocheuses et de collines à l'état sauvage : cela est sans conteste une expérience unique ! Prenez le temps de partager la vie quotidienne de vos hôtes et de savourer la beauté des paysages alentour.

jour 9

Soukhebaatar – Ulan Ude

Cap au nord, en direction de la Sibérie. En laissant la Mongolie derrière vous, entrez en Russie par les villes frontalières de Soukhebaatar et Ulan Ude, capitale de la « République de Bouriatie ». Contemplez le coucher du soleil sur les rives de la plus grande réserve d'eau douce de la planète, le lac Baïkal.

jour 10

Irkoutsk

Vous voilà presque arrivé au centre de l'Asie, à Irkoutsk, ville ravissante avec ses églises du XVIIIe siècle et ses maisons aux volets de couleurs vives, entièrement construites en bois. Édifices modernes et ponts anciens se chevauchent le long du fleuve Angara, dans cette ville surprenante surnommée « le Paris de la Sibérie ».

jour 11

Lac Baïkal

Prenez le temps de passer la journée au bord du lac mythique. Au village de Listvyanka, les maisons

Lac Baïkal

traditionnelles et les églises de bois ont charmé plus d'un voyageur. Plusieurs musées méritent également le détour, pour en apprendre davantage sur le lac (Musée limnologique Baïkalski) ou vous faire une idée de la vie traditionnelle des peuples de Sibérie (Musée de l'architecture en bois).

jours 12 à 14

Novossibirsk – Omsk – Ekaterinbourg – Moscou

C'est désormais à bord du *Transsibérien* que vous partez à destination de Novossibirsk, Omsk et Ekaterinbourg. Au cœur des montagnes de l'Oural, aux confins de la Volga, les forêts de bouleaux verts et argentés défilent sous vos yeux. Arrivée (presque toujours à l'heure !) à Moscou et sa banlieue.

jours 15 à 17

Moscou

Découvrez l'immense place Rouge et la cathédrale Saint-Basile aux célèbres dômes colorés, sans oublier le légendaire palais du Kremlin, symbole de l'architecture russe, et son ancien palais des Armures. Puis, prenez le métro et explorez ses stations ornées de lustres, de mosaïques

Chine, Mongolie, Russie

Saint-Pétersbourg

et de bas-reliefs baroques. La ville est belle aussi quand on l'observe au fil de la Volga, le temps d'une croisière fluviale. Enfin, ne manquez pas de passer la soirée dans un des plus grands théâtres de la ville ou au State Circus de Moscou.

jour 18

➤ Moscou – Saint-Pétersbourg

Dernière journée en train à bord de l'*Overnight Express* à destination de Saint-Pétersbourg.

jours 19 et 20

➤ Saint-Pétersbourg

Construite sur l'eau, la «Venise du Nord» se tient resplendissante sur le delta de la Neva, riche de sa cathédrale Saint-Isaac, de ses nombreux palais, musées, grands boulevards et cours d'eau. Visitez le musée de l'Ermitage, qui expose les œuvres de grands maîtres comme De Vinci, Rembrandt et bien d'autres, et dont l'édifice en lui-même mérite le coup d'œil. En dehors de la ville, à Petrodvorets, allez à la découverte des incomparables palais d'été des tsars. Toutes ces richesses font de Saint-Pétersbourg l'une des villes les mieux préservées d'Europe.

La Chine à la carte

République populaire de Chine
Capitale Beijing
Langue officielle Mandarin
Autres langues Cantonais, wu, hsiang, min
Religions Bouddhisme, taoïsme, confucianisme

La Mongolie à la carte

République de Mongolie
Capitale Oulan-Bator
Langue officielle Mongol
Autres langues Kalmouk, kazakh, bouriate, chinois, russe
Religion Bouddhisme tibétain (environ 90% de la population)

La Russie à la carte

Fédération de Russie
Capitale Moscou
Langue officielle Russe
Religions Christianisme orthodoxe, judaïsme, protestantisme, islam

33 Grèce

Monemvassia

Entre Péloponnèse et Cyclades

de Athènes **à** Paros (Cyclades) **nombre de jours** 11

Inoubliable...

- *Assister à une représentation dans le théâtre antique d'Épidaure.*
- *En apprendre plus sur les Jeux olympiques dans la ville d'Olympie.*
- *Se baigner dans les eaux transparentes des Cyclades.*
- *Profiter du charme des petits villages blancs surplombant la mer Égée.*

Péninsule située dans le sud du pays, le Péloponnèse affiche une beauté paisible sauvage. Les montagnes y côtoient les étendues arides et les gorges profondes, tandis que les troupeaux paissent en toute quiétude dans les vallons escarpés. Et certains des sites antiques les plus remarquables de la Grèce se trouvent ici: le théâtre d'Épidaure, l'Autel de Zeus à Olympie, le site antique de Corinthe. Après avoir exploré la région, découvrez l'archipel des Cyclades, baigné par la mer Égée. Petites maisons blanches au-dessus de la mer bleue, soleil généreux et lumière intense. Tout y est!

Pourquoi en août?

L'été est le meilleur moment pour profiter des îles, de leur chaleur et de leur ambiance festive. De plus, la température de l'eau de mer sera plus qu'agréable.

Olympie

Itinéraire

jour 1

Athènes – Épidaure

La péninsule mythique du Péloponnèse fait revivre aux voyageurs les épisodes marquants de l'histoire du pays. À Épidaure, s'asseoir sur les marches du spectaculaire théâtre antique permet de mieux comprendre l'importance d'Asclepios, le dieu guérisseur en l'honneur duquel le site fut construit. Des représentations théâtrales y sont toujours données de nos jours en été.

jour 2

Nauplie

Le voyage se poursuit en bord de mer. Profitez de l'air marin depuis le vieux fort vénitien situé sur le port de Nauplie. La vue sur la baie est splendide. Nauplie, capitale de la Grèce de 1822 à 1834, est considérée par certains comme la Venise grecque.

jour 3

Monemvassia

Monemvassia compte parmi les plus belles haltes du Péloponnèse. La cité médiévale est construite sur un rocher en bord de mer, isolé du reste du monde. Les voitures ne sont pas autorisées à entrer dans la ville. Le calme est préservé pour que le visiteur puisse prendre le temps de découvrir ses charmes: nombreuses églises byzantines, châteaux… Aux alentours, d'immenses champs d'oliviers et d'arbres fruitiers contrastent avec de petites criques.

jours 4 et 5

Région du Magne

En entrant dans la région du Magne, le paysage change. Vous abordez une région aride et austère où la montagne s'enfonce spectaculairement dans la mer. Les maisons aux tours fortifiées sont les traces d'une histoire agitée. Découvrez la ville d'Areopolis, bourgade à l'architecture en pierre, en vous promenant entre jolies maisons et vieilles chapelles.

jour 6

Olympie

Olympie abrite plusieurs sites religieux de première importance. Ce fut l'emplacement choisi par les dieux pour y élever l'Autel de Zeus. La ville a également accueilli les tout premiers Jeux olympiques, en 776 av. J.-C., et leur a donné son nom.

Grèce

Les premiers Jeux olympiques

Les sources concordent pour dire que les premiers Jeux olympiques de l'histoire se sont déroulés en l'an 776 av. J.-C. dans la ville d'Olympie. Plusieurs disciplines étaient alors représentées : la lutte, la course de chars, le lancer de disque, le saut en longueur, le pancrace (lutte violente), le pugilat… Il fallait être grec, de sexe masculin et disposer d'une certaine richesse pour être autorisé à participer aux Jeux.

jour 7

› Corinthe

De retour vers Athènes, ne manquez pas de visiter le site de l'antique Corinthe, impressionnante entaille marquée dans le roc, et son musée.

jours 8 et 9

› Athènes

La mythologie raconte qu'Athéna et Poséidon s'étaient disputé la ville d'Athènes. Après avoir fait surgir de la colline de l'Acropole un olivier sacré,

Paros

Épidaure

Athéna la déesse l'emporta et devint la divinité protectrice de la ville. De nos jours, gravir l'Acropole permet de visiter les ruines mythiques du Parthénon et du célèbre Érechthéion.

jours **10** et **11**

➤ Paros (Cyclades)

Partez pour un archipel de rêve, aux îles volcaniques, petits ports de pêche et villages accrochés à flanc de falaise. Paros, situé au cœur des Cyclades, offre une ambiance cosmopolite et une vie nocturne intense, combinée à la quiétude de petits villages. C'est aussi l'occasion de découvrir ses monastères et églises, et de profiter de ses magnifiques plages de sable fin. La capitale de l'île, Parikia, est un beau village typique, avec ses maisons d'un blanc éclatant et ses petites rues où flâner.

La Grèce à la carte

République hellénique
Capitale Athènes
Langue officielle Grec
Religion Christianisme orthodoxe
Étiquette Habillez-vous correctement pour visiter les monastères et églises (des bacs de vêtements sont souvent prévus à cet effet à l'entrée).
Un plat Une moussaka (mélange de viande hachée, d'aubergines et de sauce béchamel).
Un artiste L'écrivain gréco-français Vassilis Alexakis a remporté le Grand Prix du Roman de l'Académie française avec son livre *Ap. J.-C.*

34 Nouvelle-Calédonie

Pourquoi en août?

Pas de pluie ni de risques de cyclones: la saison sèche, de mai à septembre, est idéale pour découvrir le pays. Et puis, le week-end du 15 août, un rodéo spectaculaire se tient dans le village de Bourail.

Rodéo dans la brousse à Bourail

de Nouméa | **à** l'île des Pins | **nombre de jours** 9

Inoubliable...

- *Rouler le long des routes bordant les lagons.*
- *Goûter au traditionnel bougna des Kanaks.*
- *Naviguer en pirogue.*
- *Randonner dans le massif de la Chaîne centrale.*

La Nouvelle-Calédonie, ce sont des kilomètres de plages de sable blanc, la Roche Percée, le Bonhomme de Bourail, la baie des Tortues et Poé… Tout ce que cet itinéraire vous invite à découvrir. Sans oublier les excursions en pirogue, le plus grand lagon du monde, les rencontres sous-marines insolites et la découverte de la culture kanake!

Bonhomme de Bourail

Centre culturel de Tjibaou

Situé à Nouméa, le centre culturel de Tjibaou est exceptionnel par son essence architecturale, traduction moderne de l'architecture traditionnelle. Il est destiné à promouvoir la culture kanake et les arts mélanésiens dans leur ensemble, à travers des créations artistiques et des échanges internationaux. On y découvre entre autres des jardins aménagés autour de la richesse végétale locale, différentes cases de Nouvelle-Calédonie, des pièces d'art…

Itinéraire

jour 1

➤ Nouméa – Boulouparis – La Foa – Bourail

Les villages de Boulouparis, La Foa et Bourail offrent un premier panorama surprenant de l'île. La région est classée au patrimoine mondial de l'UNESCO.

Pas moins de quatre tribus vivent ensemble dans le village de Boulouparis : Ouinané, Nassirah, Ouitchambo et Kouergoa. La Nouvelle-Calédonie est véritablement une terre de métissage et de diversité ethnique !

Autrefois exploité pour sa mine d'or, le village de La Foa compte aujourd'hui sur le tourisme pour se développer. C'est l'occasion de s'initier au monde kanak (les premiers habitants de la Nouvelle-Calédonie) en découvrant la grande case de la tribu d'Oua Tom et en dégustant le traditionnel *bougna*.

Plus au nord, Bourail est situé à la rencontre de trois vallées. Entre mer et montagnes, la ville témoigne de l'héritage de la colonisation pénitentiaire du XIXe siècle. Ses attraits ne manquent pas : plages magnifiques de Poé et de Néssadiou, Roche Percée, célébrissime Bonhomme de Bourail, baie des Tortues, courses de chevaux renommées de l'hippodrome de Téné… et, bien évidemment, son célèbre rodéo, pour se plonger dans une ambiance de cowboy au bord du lagon !

jour 2

➤ Koné – Poum

Koné est la capitale administrative de la Province Nord. C'est aussi le point de départ de la route transversale Koné-Tiwaka, qui relie les côtes ouest et est de l'île. Depuis Koné, il est facile d'explorer les environs, à pied, à cheval ou en tout-terrain, et de parcourir la Chaîne centrale (massif montagneux) à la rencontre des tribus qui y vivent.

Koumac est le carrefour du grand Nord, point de départ vers Poum. Au départ de Koumac, il est possible de visiter l'ancien village minier de Tiébaghi. Non loin de la mine de nickel en activité aujourd'hui, on y exploita le chrome jusqu'au début des années 1990. Le village et ses installations sont restés en bon état, comme si les habitants ne l'avaient quitté qu'il y a peu de temps.

jour 3

➤ Ouegoa – Balade – Ouaiéme – Hienghène

Découverte des villages d'Ouegoa et de Balade. Traversée d'une rivière à Ouaiéme, avec le dernier bac encore en ser-

Nouvelle-Calédonie

Le rythme kanak

La danse du Pilou exprime toute la spiritualité des Kanaks ; elle dépeint les moments forts de leur existence (mariage, naissance, décès). Elle tire son origine dans le rythme qui l'accompagne, un rythme simple et envoûtant, propice aux états de transe, et qui engendra d'occasionnels actes de cannibalisme. Pour cette raison, la pratique originale du Pilou est interdite depuis plusieurs dizaines d'années et laisse place aujourd'hui à des spectacles folklorisés.

vice en Nouvelle-Calédonie. Sympathique et pittoresque, le bac est l'occasion de faire une pause sur la route et d'admirer les abords de la rivière. La route longe la mer, puis grimpe dans les hauteurs en passant à proximité du mont Panié, point culminant de l'île avec ses 1 629 m.

jour 4

› Hienghène

Hienghène est le village natal de Jean-Marie Tjibaou, homme politique néo-calédonien célèbre pour ses engagements redonnant fierté et dignité au peuple kanak. Le belvédère qui surplombe le village offre un point de vue à couper le souffle sur toute la baie. C'est aussi l'endroit d'où l'on peut admirer la Poule Couveuse, devenue l'une des figures emblématiques de la Nouvelle-Calédonie, fièrement posée dans le lagon et semblant défier le temps. Tout autour, la mer et la rivière se rejoignent dans un panorama inédit.

jour 5

› Poindimié

Poindimié, un joli village qui s'étire au fond d'une large baie, est blotti entre mer et montagnes. Il est considéré comme le chef-lieu de la côte est.

jour 6

› Ponérihouen – Houailou – Sarraméa

Traversée du village de Ponérihouen, où un pont enjambe la rivière Nimbaye dans un décor superbe de bambous et fougères. Route vers Houailou, la cascade de Ba et la Chaîne centrale via le col des Roussettes.

Île des Pins

jours 7 à 9

› Île des Pins

L'île des Pins, surnommée le « joyau du Pacifique », offre des kilomètres de sable blanc en toute tranquillité. C'est l'occasion de flâner au gré du vent à bord d'une pirogue, de la baie de Saint-Joseph à l'immense baie d'Upi, de profiter de la plage, des coraux et poissons multicolores, ou encore de marcher en forêt pour découvrir les piscines naturelles qui s'y cachent.

La Nouvelle-Calédonie à la carte

Nouvelle-Calédonie et dépendances (territoire français d'outre-mer)
Capitale Nouméa
Langue officielle Français
Autres langues 27 langues kanakes
Religion Catholicisme (environ 70% de la population)

Un plat Le *bougna* (ragoût de poisson ou de poulet accompagné de patates douces, bananes poingos, taro, yam et autres légumes, le tout arrosé de lait de coco et cuit dans des feuilles de bananier).
Un artiste Tim Sameke est le chanteur du groupe We Ce Ca. Leur musique, le *kaneka*, est un mélange de rythmes traditionnels kanaks et de sonorités électroniques ou reggae.

septembre

35 Canada

Le Groupe des Sept

de Toronto **à** Collingwood **nombre de jours** 8

Inoubliable...

- *Découvrir les œuvres de Tom Thomson et du Groupe des Sept au musée McMichael, situé juste au nord de Toronto.*
- *Admirer les paysages grandioses qui les ont inspirés.*
- *Randonner, nager, pédaler au cœur des parcs nationaux.*

Ce parcours en Ontario est dessiné d'un joli trait de pinceau ! De Toronto à la baie Georgienne, en passant par les parcs de Killbear et Killarney, il trace son chemin en pleine nature, le long des paysages qui ont inspiré jadis les plus belles peintures au mythique « Groupe des Sept ».

➤ ***Pourquoi en septembre ?***

La nature ontarienne est alors à son apogée ! Il fait encore chaud, on évite les grosses canicules d'été, l'eau des lacs a eu le temps de se réchauffer. De plus, Toronto accueille chaque année en septembre le Festival international du film de Toronto.

Baie Georgienne

Itinéraire

jours 1 et 2

➤ Toronto

Une des plus importantes villes d'Amérique du Nord, Toronto affiche plusieurs des meilleurs visages du Canada : ville d'affaires et de finances, c'est également une ville cosmopolite qui se nourrit du mélange des cultures, une ville où il fait bon s'amuser et sortir… Ne manquez pas la visite du musée McMichael consacré à l'art canadien, situé au nord de la métropole canadienne. Les toiles du Groupe des Sept sont à l'honneur dans la collection permanente, tout comme celles du réputé Tom Thomson. Des œuvres d'artistes autochtones viennent compléter le tableau.

jour 3

➤ Baie Georgienne

Pour admirer de plus près les paysages qui ont inspiré le Groupe des Sept, faites route vers la baie Georgienne et le parc provincial de Killbear, une péninsule paradisiaque où baignade, voile, pêche et navigation de plaisance se pratiquent au gré des envies. Un réseau de sentiers grimpe jusqu'à des points d'observation spectaculaires, d'où vous

JAN FEV MAR AVR MAI JUN JUL AOU SEP OCT NOV DEC

Baie Georgienne

Toronto

Le Groupe des Sept

Au début du XXe siècle, plusieurs jeunes artistes canadiens se réunissent dans un immeuble de Toronto et forment le « Groupe des Sept ». Alliant la peinture à l'huile aux croquis et à l'aquarelle, ils trouvent leur inspiration dans la contemplation mystique des grands espaces canadiens. Franklin Carmichael, Lawren S. Harris, Alexander Young Jackson, Frank Johnston, Arthur Lismer, J. E. H. MacDonald et Frederick Varley ont fait souffler un vent de nouveauté sur la peinture canadienne en renforçant son lien intime avec les paysages sauvages et romantiques. Tom Thomson, leur mentor, est devenu une légende en laissant derrière lui une œuvre fulgurante brisée par une mort mystérieuse en 1917, lors d'une expédition en canot en Ontario.

pouvez observer un fameux pin blanc qui s'accroche vaille que vaille sur un petit rocher solitaire au-dessus du Parry Sound. Vous pouvez aussi partir en kayak de mer au coucher du soleil.

jours 4 et 5

➤ Parc provincial de Killarney

Route le long de la baie Georgienne jusqu'à Killarney, en bordure du parc provincial du même nom. C'est grâce à l'enthousiasme et à la passion du Groupe des Sept que cette zone fait aujourd'hui partie du réseau des parcs de l'Ontario. Plusieurs sentiers parcourent le parc et offrent de superbes points de vue. Les montagnes de La Cloche, qui font la renommée de Killarney, brillent au loin. On les croirait recouvertes de neige, mais c'est en réalité leur constitution de quartzite blanc qui leur donne cet aspect.

jour 6

➤ Île Manitoulin

En route vers l'île Manitoulin au cœur de la baie Georgienne, la plus grande île entourée d'eau douce au monde. Une route permet d'y accéder par le nord. Empreinte d'une culture autochtone très riche, l'île Manitoulin présente plusieurs pow-wows (fêtes amérindiennes) l'été et au début de l'automne. De nombreux artistes s'inspirent toujours de la beauté sauvage de l'île Manitoulin et de ses paysages pastoraux. Beaucoup y sont installés en permanence et présentent leurs œuvres dans les galeries des villages pittoresques de l'île. De belles plages de sable blanc (baie de Providence) offrent un cadre parfait pour la relaxation. Pour les plus actifs, plusieurs sentiers de randonnée permettent d'explorer les alentours (chutes Bridal Veil et falaise Cup and Saucer).

jour 7 ➤ Parc national de la Péninsule-Bruce

Prenez le traversier entre South Baymouth et Tobermory, à la pointe nord de la péninsule Bruce, puis partez à la découverte du parc national du même nom. Au-dessus des eaux cristallines, de vieilles falaises se dressent à la verticale et quelques pins séculaires tentent de s'y accrocher. Les sentiers balisés permettent d'aller découvrir les paysages exceptionnels du parc.

jour 8 ➤ Wasaga Beach – Meaford – Collingwood

Découvrez un autre trésor caché dans la baie Georgienne : la longue plage de sable qu'est Wasaga Beach s'étire dans le parc provincial du même nom. Parcourez en vélo une portion du Georgian Trail qui relie Meaford et Collingwood.

Le Canada à la carte

Canada
Capitale Ottawa
Langues officielles Anglais et français
Onze langues autochtones sont officielles dans les Territoires du Nord-Ouest.

Religions Catholicisme (environ 40% de la population), protestantisme (environ 30%)
Un artiste Tom Thomson a marqué l'histoire de la peinture canadienne par sa vision fulgurante des grands espaces et de la forêt.

36 Espagne

Chemin de Saint-Jacques-de-Compostelle

de Saint-Jean-Pied-de-Port (France) **à** Santiago de Compostela **nombre de jours** 11

Inoubliable...

- *Vivre une expérience à la fois sportive et spirituelle.*
- *Découvrir des villages pittoresques entre France et Espagne.*
- *Visiter les cathédrales de León, Burgos et Santiago de Compostela.*

Aujourd'hui bien plus qu'un pèlerinage, le périple vers Saint-Jacques-de-Compostelle est devenu tout à la fois un chemin classé au patrimoine de l'humanité, une aventure personnelle à vivre au plus profond de soi et un voyage à la découverte d'une Europe pittoresque. Le présent itinéraire combine les plus belles étapes de cette randonnée à pied et les détours que les marcheurs ne voient pas d'ordinaire, situés de part et d'autres du mythique sentier. Un périple à mi-chemin entre douce randonnée et voyage historique.

Pourquoi en septembre ?

Durant l'été, les chemins sont très fréquentés par les touristes et la température est très élevée. Septembre a tout pour rendre le séjour plus agréable.

Palais épiscopal, Astorga

Itinéraire

jour 1

Saint-Jean-Pied-de-Port (France) – Zubiri

Rendez-vous à Saint-Jean-Pied-de-Port. Randonnée jusqu'au col de Roncevaux et visite de la légendaire Collégiale royale de Roncevaux. 8 km de randonnée.

jour 2

Zubiri – Puente la Reina

Marche jusqu'à Pampelune. Visite de la cathédrale de Pampelune et du musée, mais aussi du centre-ville, très pittoresque. Puis, route jusqu'à Puente la Reina, où l'itinéraire rencontre le chemin aragonais. 15 km de randonnée.

jour 3

Puente la Reina – Estella

Cette étape entre Puente la Reina et Estella est l'occasion de découvrir, le long du chemin, ponts et voie romaine, de même qu'une belle église baroque. Visite de la très belle collégiale d'Estella et de son patrimoine religieux. Nuit à Estella. 23 km de randonnée.

L'histoire des chemins

L'histoire des chemins de Saint-Jacques remonte aux années 800 apr. J.-C., alors qu'un certain évêque Téodomiro pense avoir découvert le tombeau de l'apôtre saint Jacques. Un premier pèlerin, l'évêque Gotescalcus, entreprend de rejoindre à pied la tombe du saint homme, en l'an 950. Il effectue le trajet de chez lui à l'actuelle ville de Santiago de Compostela, puis le trajet du retour ; la première étape pour se préparer à rentrer en contact avec le sacré, la seconde pour se préparer à revenir à une vie profane. Par la suite, des pèlerins de plus en plus nombreux affluent de l'Europe entière en empruntant les anciennes voies romaines. Ce réseau d'itinéraires a constitué pendant des siècles une voie de passage pour des idées nouvelles, philosophiques, théologiques et artistiques, un point de convergence et de rencontre entre différents pays d'Europe.

Puente la Reina

jour 4

➤ Estella – Burgos

Route dans la Rioja et visite de Santo Domingo de la Calzada, qui compte l'une des plus belles cathédrales de la région. Halte à San Juan de Ortega – son église conserve le tombeau du saint fondateur du village. Visite en fin de journée de l'impressionnante cathédrale gothique de Burgos. 12 km de randonnée.

jour 5

➤ Burgos – Castrojeriz

Randonnée jusqu'à Castrojeriz. Visite de la collégiale et du village surplombé par les ruines du château. 20 km de randonnée.

jour 6

➤ Castrojeriz – Fromista

Marche jusqu'à Fromista. Traversée de la Meseta castillane, le rude paysage de la terre du Cid... L'église de San Martín à Fromista est le plus bel exemple d'art roman en Espagne. 26 km de randonnée.

jour 7

➤ León – Astorga

Route jusqu'à León. Visite de sa cathédrale gothique. Puis route jusqu'à Astorga et visite de la cathédrale où se mêlent différents styles architecturaux (gothique, Renaissance et baroque). Promenade à la découverte d'autres beaux bâtiments, dont le Palais épiscopal, signé Gaudí.

jour 8

➤ Astorga – Villafranca del Bierzo

Randonnée dans certains des endroits les plus emblématiques du chemin de Compostelle, comme la Croix de Fer, Foncebadón, El Acebo et Molinaseca. Nuit à Villafranca del Bierzo. 20 km de randonnée.

jour 9

➤ Villafranca del Bierzo – Samos

Randonnée jusqu'au village pittoresque d'O Cebreiro, connu pour ses *pallozas*, des habitats d'origine néolithique avec

Santiago de Compostela

toits en chaume, dominant les montagnes. Route jusqu'au monastère de Samos. 13,5 km de randonnée.

jour **10**

➤ Samos – Portomarín

Route jusqu'à Sarria. Randonnée à travers la Galice de Sarria jusqu'à Portomarín, découverte en chemin des petits hameaux de la région avec leurs greniers typiques et des collines couvertes de forêt de chênes. 22 km de randonnée.

jour **11**

➤ Portomarín – Santiago de Compostela

Depuis Labacolla, randonnée jusqu'à la «montagne de la joie» (Monte del Gozo) pour admirer Santiago de Compostela. Visite au calme de la belle ville et de sa cathédrale, point culminant des pèlerinages et joyau de l'architecture romane. 10 km de randonnée.

L'Espagne à la carte

Royaume d'Espagne
Capitale Madrid
Langue officielle Castillan (plusieurs autres langues, comme le catalan, le basque, etc., sont parlées en région).
Religion Catholicisme (80% de la population)

Un plat Paella (riz aux légumes et aux fruits de mer) et gaspacho (soupe froide composée principalement de tomates et de poivrons).
Quelques artistes Francisco Goya, Pablo Picasso et Salvador Dalí sont reconnus pour leur génie en matière de peinture.

37 Turquie

Pasabaglari, Cappadoce

Escapade entre Taurus et Cappadoce

de Ankara **à** Istanbul **nombre de jours** 13

Inoubliable...

- *Pénétrer à l'intérieur d'habitations troglodytiques millénaires.*
- *Dormir sous la yourte, chez une famille de semi-nomades.*
- *Visiter la Mosquée bleue et la basilique Sainte-Sophie d'Istanbul.*

La Cappadoce est une terre de légende où d'anciennes coulées de lave ont dessiné un paysage fantasmagorique unique au monde, composé de grandes colonnes naturelles que certains appellent les «cheminées des fées», d'autres les «aiguilles de feu». Cheminez à travers ce décor hors du commun, puis partez à la découverte des montagnes du Taurus dans le sud du pays. Allez à la rencontre des paysans cueillant leurs pommes et des bergers ramenant leurs troupeaux, visitez les villages de montagne qui vivent au rythme de la nature, puis offrez-vous un bain turc ou un massage dans un hammam.

Pourquoi en septembre ?

Il fait moins chaud qu'en été et la pluie n'est pas encore arrivée. En Cappadoce, qui a retrouvé son calme après la cohue de l'été, c'est la période des vendanges. Dans les vergers des flancs du Taurus, les paysans récoltent les pommes, fruits de la fin de l'été.

Itinéraire

jour 1 — Ankara – Vallée d'Ihlara (Cappadoce)

Départ d'Ankara en direction de la Cappadoce, terre des maisons troglodytiques et des églises rupestres. Depuis le village de Selime, entamez une petite marche jusqu'au village de Belisirma, puis reprenez la route vers Ihlara, parfait pour passer la nuit.

jour 2 — Vallée d'Ihlara

Partez en randonnée dans un paysage peu commun. La vallée d'Ihlara s'est formée à la suite du refroidissement des laves expulsées par les volcans Hasan et Erciyes. Puis, elle s'est élargie sous l'effet de l'érosion due à la pluie et au vent, pour devenir un vrai canyon profond de plus de 150 m. Plusieurs civilisations y ont trouvé refuge. Ce sera l'occasion pour vous de pénétrer à l'intérieur d'habitations troglodytiques et d'églises rupestres datant du XIe siècle pour les plus anciennes. Prolongez ensuite votre exploration jusqu'à Pasabaglari, où se trouvent les plus typiques cheminées des fées, et sans doute les plus belles de toute la Cappadoce. Trois heures de marche sur un sentier qui domine la vallée vous conduisent jusqu'au petit village de Cavusin, un ancien centre de pèlerinage entouré de massifs rocheux.

jour 3 — Vallée Blanche, vallée de l'Amour et vallée des Pigeonniers

La vallée Blanche et la vallée des Pigeonniers donnent littéralement l'impression d'être sur une autre planète, alors que la vallée de l'Amour est ainsi nommée en raison de la forme évocatrice que prennent ses cheminées des fées. Déjeunez dans le village d'Uçhisar, construit autour d'un piton rocheux qui servait de point de contrôle à l'époque romaine. D'en haut, la vue est à couper le souffle.

jour 4 — Vallée de Gömede, vallée de Pancarlik et vallée Rouge

Partez en randonnée depuis la vallée de Gömede, ancien refuge monastique, pour descendre dans la vallée de Pancarlik, aux nombreux pigeonniers datant du XVIIIe siècle.

Église troglodytique, Cappadoce

Djalâl-ad-Dîn Rûmî et la confrérie des derviches tourneurs

Rûmî est né au XIIIe siècle, dans le centre de la Turquie, non loin de là où se déroule cet itinéraire. Sa sagesse et sa spiritualité guident de nombreuses personnes aujourd'hui encore. De confession musulmane, il a refusé certains dogmes établis et a développé une nouvelle branche de l'islam, plus mystique : le soufisme. Ses écrits, parvenus jusqu'à nos jours, sont des recueils de sagesse et d'intuition. Il y parle notamment de la théorie des atomes : « Il est un soleil caché dans un atome : soudain cet atome ouvre la bouche. Les cieux et la terre s'effritent en poussière devant ce soleil lorsqu'il surgit de l'embuscade. » Il évoquera également le fait que c'est la Terre qui tourne autour du Soleil, que l'homme descend des animaux (et avant ça des plantes et du minéral). Rûmî était tout à la fois libre-penseur, poète, musicien, philosophe et danseur. C'est lui qui créa la confrérie des derviches tourneurs et inventa ainsi les bases de la danse comme thérapie et moyen de communication avec le divin.

Visite de chapelles et d'églises rupestres creusées au VIe siècle et décorées de fresques au Xe siècle.

jour 5

➤ Derinkuyu

Quittant la Cappadoce, arrêtez-vous en route pour visiter la ville souterraine de Derinkuyu. Tout au fond, le premier étage a été creusé près de 2 000 ans avant J.-C. Au fil des ans, les étages se sont ajoutés les uns aux autres, jusqu'à plus de 55 m au-dessus du sol. Un site remarquable ! Puis, au départ du village de Pinarbaşi, à 1 600 m d'altitude, randonnez jusqu'au campement pour planter votre tente pour la nuit, à environ 2 000 m d'altitude.

jour 6

➤ Cömçe Göl

Randonnée depuis Pinarbaşi jusqu'au camp de Cömçe Göl, situé à 2 750 m d'altitude. Le lac du même nom est propice à la baignade.

jour 7

➤ Yedigöller (les Sept Lacs)

En 6h de marche (et 750 m de dénivelé), rendez-vous au lac de Yildiz Gölü, puis grimpez jusqu'au col juste au-dessus du plateau d'Akçay Yaylasi. Le chemin descend ensuite jusqu'au camp de base du plateau de Yedigöller. Les tentes sont plantées au pied de la masse imposante du Direktas (3 524 m).

jour 8

➤ Mont Emler

Vous êtes sur le plus haut plateau du massif. Au fur et à mesure que la neige fond, l'eau forme des lacs alimentant ainsi les troupeaux de bétail qui paissent ici. Le matin, ascension du mont Emler (3 723 m) en 5h de marche. Du sommet, le regard embrasse tout le massif du Bolkar.

Mosquée bleue, Istanbul

jour 9

➤ Col de Celikbuyduran – Gorge de Karayalak

Pour franchir le col de Celikbuyduran, vous grimpez jusqu'à 3 450 m et profitez de la vue du Taurus, puis descendez à travers la gorge de Karayalak.

jour 10

➤ Plateau d'Eznevit – Gorge de Siyirma

Par un sentier muletier, montez jusqu'au plateau d'Eznevit. Pique-nique, puis descente de la gorge de Siyirma, à travers une forêt de thuyas et de pins.

jour 11

➤ Le plateau d'Alaca

Randonnée de 6h vers le plateau d'Alaca. Plusieurs familles de bergers s'y retrouvent en été pour planter leurs yourtes, et elles ouvrent volontiers leurs portes aux randonneurs de passage.

jours 12 et 13

➤ Istanbul

Découverte de cette ville, riche en histoire, qui chevauche deux continents. Les monuments les plus célèbres sont le palais de Topkapi, la Mosquée bleue, le musée de Sainte-Sophie, le Grand Bazar et le marché égyptien.

La Turquie à la carte

République de Turquie
Capitale Ankara
Langues turc (langue officielle), kurde, dimli, azeri, kabardien
Religion Islam

Étiquette Les hommes sont souvent très affectueux entre eux ; ne vous sentez pas gêné si l'un d'eux est proche de vous.
Un plat Un *kebab* (viande grillée servie avec du pain matelassé et du piment).
Un artiste Le réalisateur Ferzan Özpetek est souvent comparé à Pedro Almodovar.

38 États-Unis

Les vignobles de la Californie

boucle au départ de San Francisco **nombre de jours** 7

Inoubliable...

- *Déguster les vins les plus fins de Californie et trouver les meilleurs accords avec la haute cuisine des chefs du Sonoma Wine Country Weekend.*
- *Emprunter les cable cars pour découvrir les rues de San Francisco.*
- *Randonner parmi les plus hauts arbres (séquoias) au monde.*

Découvrez la Californie à son meilleur. Au-delà des clichés, le *Golden State*, comme on le surnomme, est un État mythique aux richesses infinies. À la fois très urbanisé et sauvage, il en a pour tous les goûts : mer, montagnes et déserts côtoient les villes, elles-mêmes plutôt ouvertes sur la nature. L'itinéraire débute à San Francisco devant sa célèbre baie. Puis, il met le cap sur la route des vins, une étape incontournable pour une dégustation dans les vallées de Sonoma, Alexander et Napa. Il permet ensuite de côtoyer les arbres géants de l'Armstrong Redwoods State National Reserve, avant de revenir vers San Francisco en longeant le Pacifique.

Pourquoi en septembre ?

Cela permet de profiter du Sonoma Wine Country Weekend. Situé à seulement 1h au nord de San Francisco, le comté de Sonoma offre aux amateurs de vins une expérience unique le long de la rivière Russian et des vignes des campagnes. Il forme, avec la vallée de Napa, la région viticole la plus réputée des États-Unis, à la renommée mondiale depuis les années 1970.

Vallée de Napa

San Francisco

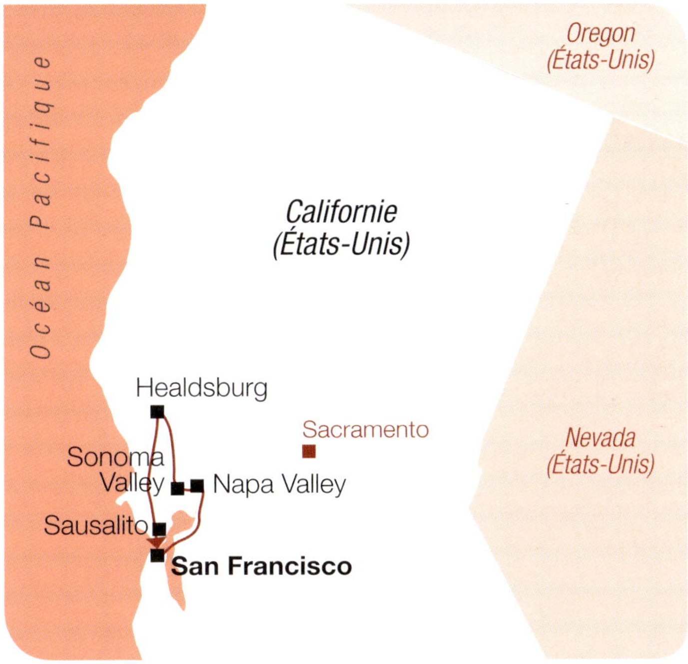

Itinéraire

jours 1 et 2

San Francisco

À pied ou en *cable car*, arpentez les célèbres rues en pente du quartier de Nob Hill. La vue sur la baie de San Francisco y est superbe. Continuez dans le quartier de Russian Hill, dans Lombard Street, la rue la plus tortueuse du monde ! L'architecture victorienne des maisons autour d'Alamo Square a un cachet fou. Prenez le temps également de vous promener entre les épiceries du Chinatown et les bateaux de pêche du Fisherman's Wharf.

jours 3 et 4

Napa Valley

En route vers la vallée de Napa, mondialement renommée pour le cachet de ses villes et les vignes qui ponctuent son doux relief ! Elle est considérée comme l'une des zones de production vinicole les plus prestigieuses du pays. Son héritage remonte au XIXe siècle et regroupe 340 vignobles aux cépages de renom : cabernet sauvignon, chardonnay, pinot noir, merlot, zinfandel, etc. Vous pouvez choisir de parcourir les vignobles à vélo, par vous-même ou en tour organisé. Il est également possible de faire un pique-nique dans un vignoble en dégustant quelques vins locaux, ou de prendre un repas à bord du train qui parcourt la vallée.

jour 5

Sonoma Valley – Alexander Valley

La vallée de Somona voit se dérouler chaque année sa fameuse fin de semaine où l'on déguste produits du terroir et vins d'exception dans une ambiance très chic. Plus loin, la vallée d'Alexander offre également de bonnes dégustations.

Sonoma Wine Country Weekend

Durant la première fin de semaine de septembre, plus de 170 entreprises vinicoles et 60 chefs offrent une dégustation de leurs produits. Gastronomie et vins locaux sont à l'honneur dans une ambiance festive, haut de gamme, où l'élégance est de mise. Au programme, dégustation de produits du terroir, vente aux enchères de vin au profit d'œuvres caritatives et promenades dans les vignobles. Cet évènement s'est rapidement imposé et offre l'une des meilleures ventes aux enchères de vin des États-Unis où l'on peut goûter des productions allant des plus petits vignobles aux grandes entreprises familiales.

Armstrong Redwoods State Natural Reserve

jour 6

➤ Healdsburg

Au cœur de la vallée de la rivière Russian, découvrez l'Armstrong Redwoods State Natural Reserve. Certains arbres (séquoias) présents ici comptent parmi les plus grands sur terre. Ils peuvent vivre entre 500 et 1 000 ans, atteindre un diamètre de 4 à 5,5 m et une hauteur de 60 à 82 m! Balade au pays des géants. Vous pouvez également descendre la rivière en canot, à travers une forêt de géants, et entre montagnes et plages de sable chaud! Roulez ensuite jusqu'à l'océan Pacifique et sa côte escarpée. La route le long du Pacifique jusqu'à Bodega Bay est tout simplement grandiose. Une marche sur la Sonoma Coast State Beach s'impose pour s'imprégner de l'air marin.

jour 7

➤ Sausalito – San Francisco

Route vers San Francisco. En chemin, le petit village de Sausalito et ses maisons sur pilotis témoignent de l'époque hippie.

Les États-Unis à la carte

États-Unis d'Amérique
Capitale Washington, D.C.
Langue officielle Anglais
Religions Protestantisme (50% de la population), catholicisme (environ 20%)
Un plat Une salade « Cal-Cuisine » (abréviation de « California Cuisine »), à base de produits biologiques, fusion entre Amérique, Asie et Méditerranée.
Un artiste Jefferson Airplane, formation rock mythique, qui fut l'un des groupes-phares de la scène psychédélique californienne à la fin des années 1960.

octobre

39 Afrique du Sud

Pourquoi en octobre ?

L'automne est la plus agréable des saisons en Afrique du Sud, avec des journées ensoleillées au Cap, des nuits douces dans la savane, et le vin prêt à être dégusté dans les vignobles.

Un concentré d'Afrique

de Johannesburg | **à** Cape Town | **nombre de jours** 6

Inoubliable...

- *Pister le lion dans le parc Kruger.*
- *Rouler le long de la Panorama Route.*
- *Déguster un vin d'exception dans un des domaines centenaires du Cap.*
- *Découvrir babouins, zèbres et autres mammifères au cap de Bonne-Espérance.*

Ce parcours concentre en une semaine le meilleur de l'Afrique du Sud : safari à la rencontre des grands fauves, vignobles centenaires, le cap de Bonne-Espérance et Cape Town, l'une des métropoles les plus isolées géographiquement du monde. Un voyage parfait pour une première expérience en terre africaine, accessible au plus grand nombre et idéal pour ceux qui, en quête d'émotions fortes et de dépaysement, ne souhaitent pas se résoudre à voyager en Afrique sans confort !

Cape Town

Serpentaire

Itinéraire

jour 1 ➤ Johannesburg – Pilgrim's Rest

Départ en direction de la province du Mpumalanga, magnifique région aux abords du parc Kruger, où les plantations de bananes, de litchis et de mangues sont reines. En chemin, visitez la première ville minière d'Afrique du Sud, créée dans les années 1870.

jour 2 ➤ Panorama Route – Réserve privée de Thornybush

Aujourd'hui, roulez le long de la mythique Panorama Route et profitez d'escales insolites : les Bourke's Luck Potholes sont d'étranges cavités cylindriques creusées dans la roche et le Blyde River Canyon est profond de 800 m par endroits. Panoramas inoubliables ! Puis, pénétrez dans la réserve privée de Thornybush, l'une des plus renommées d'Afrique du Sud. Entre élégance, confort et service de haut niveau, c'est l'occasion de combiner détente et découverte de la savane.

Cape Town

L'histoire de la ville est intimement liée à sa position géographique, sur la pointe méridionale du continent africain, face aux mers du Sud que de nombreux navires empruntaient le long de la route des Indes. La ville est vite devenue l'un des principaux comptoirs de ravitaillement entre les océans Atlantique, Antarctique et Indien. Et son développement s'est poursuivi jusqu'à nos jours. Le voyageur qui découvre la ville aujourd'hui peut en effet apercevoir de nombreux hauts immeubles, centres commerciaux et cafés branchés. Mais la réalité est plus contrastée. Dans ce pays qui a vécu l'apartheid, les divisions et les inégalités demeurent, et Cape Town affiche les exemples les plus évidents de richesse et de pauvreté à quelques mètres de distance les uns des autres.

Parc Kruger

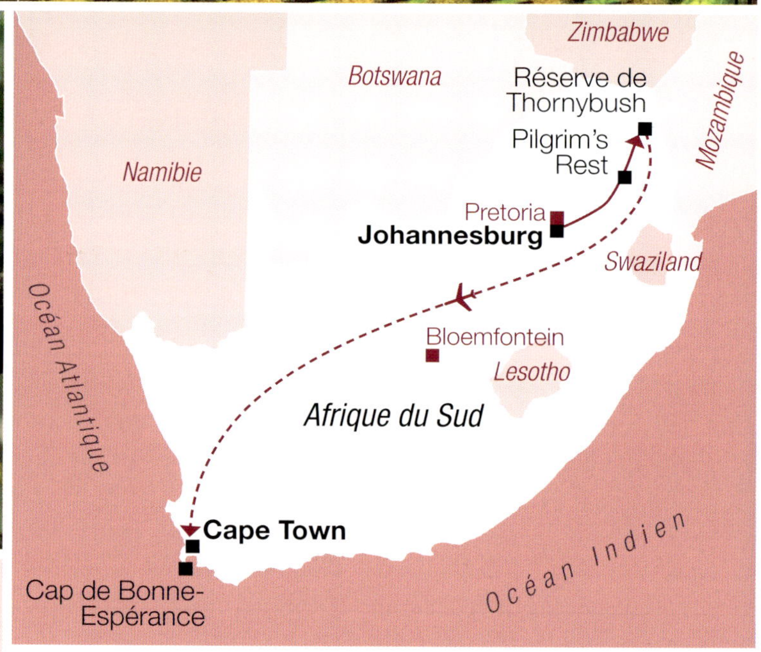

Une histoire des vignobles

L'histoire remonte à 1655, alors que les premiers cépages européens arrivèrent par bateau à Cape Town. Quelques années plus tard, la fabrication professionnelle du vin débuta sous l'impulsion de Simon van der Stel, haut fonctionnaire travaillant pour le compte de la Compagnie hollandaise des Indes orientales. Il entreprit la production viticole dans les vallées ensoleillées autour de Cape Town. La ville de Stellenbosch, aujourd'hui haut lieu de la viticulture sud-africaine, a été nommée ainsi en son honneur.

jour 3

➤ Réserve privée de Thornybush

Consacrez la journée à la découverte de la faune à bord de véhicules tout-terrains, en compagnie de *rangers* professionnels.

jours 4 à 6

➤ Cape Town

Envolez-vous pour Cape Town (les paysages vus du hublot sont à couper le souffle !) et découvrez l'une des métropoles du globe les plus isolées géographiquement, à quelques kilomètres seulement du cap de Bonne-Espérance, sur la pointe du continent africain. Dominée par la Table Mountain, qui s'élève à 1 000 m d'altitude, Cape Town offre un paysage de montagnes, de vignobles et de plages grandioses.

Le cap de Bonne-Espérance et sa réserve naturelle

« De toute la surface de la Terre, c'est le plus beau cap que nous ayons vu », s'exclama Francis Drake en 1580, en arrivant dans la Table Bay. Ce lieu mythique, s'il en est, fut d'abord nommé « cap des Tempêtes » par Bartolomeu Dias, puis rebaptisé « cap de Bonne-Espérance » par le roi du Portugal. La réserve naturelle du cap de Bonne-Espérance rassemble aujourd'hui, sur 7 750 ha, une variété florale plus importante que celle des îles Britanniques réunies. La végétation est caractérisée par ce que l'on nomme le fynbos : un paysage de lande dominé par les protées et la bruyère. La réserve comporte en outre plus de 30 espèces florales menacées ainsi que plusieurs espèces endémiques. Babouins, gnous, zèbres de montagne, porcs-épics, autruches et autres oiseaux peuplent également la région.

Afrique du Sud

Cape Town et la Table Mountain

Les vignobles du Cap

L'industrie vinicole du Cap et ses domaines historiques constituent l'un des plus grands trésors du pays. La route des vins de Stellenbosch, aux alentours du Cap, permet d'aller à la rencontre des viticulteurs et producteurs de raisins qui font la réputation des vins sud-africains. La toute première route des vins de Stellenbosch date de 1971. Il existe aujourd'hui cinq variantes de cet itinéraire. La ville de Stellenbosch mérite également la visite, avec ses rues bordées de chênes centenaires et ses vieilles églises luthériennes.

La Table Mountain

Classée au patrimoine mondial de l'UNESCO, la Table Mountain culmine à plus de 1 000 m au-dessus du niveau de la mer et offre des vues spectaculaires sur la ville. On peut en atteindre le sommet grâce à un téléphérique rotatif.

L'Afrique du Sud à la carte

République d'Afrique du Sud
Capitale Pretoria (administrative), Le Cap (législative), Bloemfontein (judiciaire)
Langues officielles Anglais, isiZulu, isiXhosa, afrikaans, sotho du Nord, setswana, sotho du Sud, xitsonga, siSwati, tshivenda, isiNdébélé
Religions Protestantisme (60% de la population), catholicisme (10%)
Étiquette La famille tient un rôle central dans la société sud-africaine. Lorsque vous rencontrerez un Sud-Africain, il s'informera généralement de votre bien-être, mais aussi de celui des membres de votre famille. Il est poli de faire de même.
Un plat Un *braai* ou barbecue : une institution qui se tient souvent le dimanche, avec de la bière.
Un artiste Le chanteur Johnny Clegg, alias le Zoulou blanc, célèbre pour ses chansons rock engagées contre l'apartheid.

40 Jordanie

Pourquoi en octobre ?

C'est le mois idéal pour profiter des douces températures de la mer et de l'air.

Une thalasso au bord de la mer Morte

de Amman **à** Pétra **nombre de jours** 7

Inoubliable

- *Visiter les plus beaux sites archéologiques du pays.*
- *Profiter des soins traditionnels au bord de la mer Morte.*
- *Découvrir à pied le site majestueux de Pétra.*

Depuis la nuit des temps, la mer Morte invite au calme et à la détente. La reine Cléopâtre et le roi Hérodote, pour ne citer qu'eux, s'y rendaient jadis pour profiter de ses bienfaits. Un séjour de thalassothérapie ici est une expérience d'autant plus unique que des établissements d'hébergement au confort inégalé y ont trouvé place ! Le voyage part aussi à la découverte des plus beaux sites du pays : Amman, sa capitale, ainsi que Pétra, la magnifique cité nabatéenne.

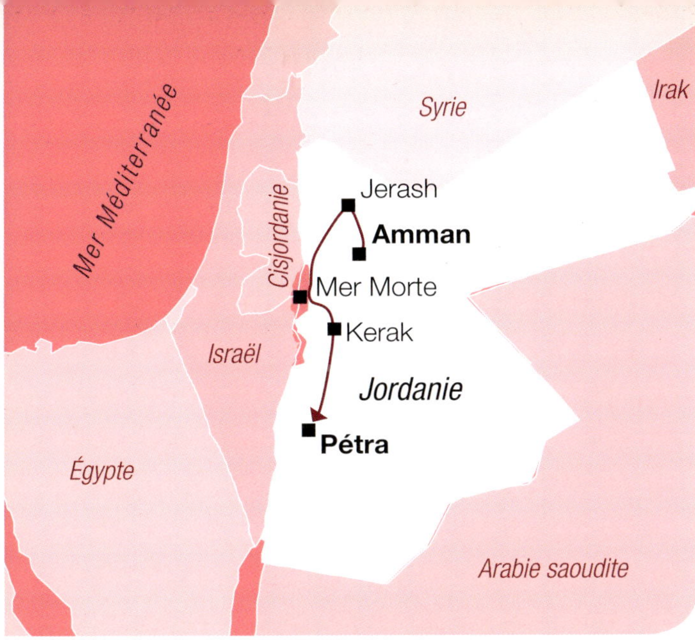

Les bienfaits thérapeutiques de la mer Morte

L'eau chaude et relaxante de la mer Morte possède un taux de salinité 10 fois supérieur à celui de l'eau de mer habituelle et regorge de minéraux divers (chlorure de magnésium, sodium, potassium, bromure, etc.). C'est ce qui explique que l'on y flotte si bien. S'allonger sur le dos et se laisser bercer par l'ondulation de la mer est une expérience qui ne peut se vivre qu'ici ! Voilà près de 2 000 ans également que l'on connaît les vertus curatives de cette eau. Combinée au soleil et à la boue, elle offre un excellent soin pour toutes sortes de maladies chroniques et d'infections respiratoires et dermatologiques.

Itinéraire

jour 1

➤ Amman – Jerash

Jerash est le site gréco-romain le plus important du Moyen-Orient ! Le savoir-faire des anciens et le charme de l'endroit font de cette visite un moment marquant de ce périple. De retour à Amman, visitez la capitale, sa citadelle avec le temple d'Hercule et le musée archéologique, puis le théâtre romain et son musée.

jour 2

➤ Madaba et le mont Nebo – Mer Morte

Départ pour la ville des mosaïques : Madaba. À moins de 40 km au sud-est d'Amman, Madaba abritait à l'époque la plus grande communauté chrétienne de Jordanie, et conserve aujourd'hui un parc archéologique byzantin très important. Plus de 150 églises, dans la ville et ses environs, retracent l'histoire de l'occupation byzantine et son évolution. Poursuivez vers le mont Nébo. C'est la montagne où Dieu aurait ordonné à Moïse de se rendre pour contempler la Terre promise puis mourir. La vue sur la mer Morte, les monts de Judée et l'oasis de Jéricho y est splendide.

jours 3 à 5

➤ Mer Morte

Laissez-vous flotter sur le dos, littéralement porté par les sels minéraux présents dans l'eau. Profitez des délices de la boue noire. La beauté des lieux, les soins prodigués et le confort des établissements d'hébergement permettent de vivre des journées de pure détente.

jour 6

➤ Kerak – Petite Pétra et Pétra

Départ pour la forteresse de Kerak, l'ancienne capitale du pays de Moab, connue sous le nom de Qir-Heres dans la Bible. Elle est couronnée des ruines d'une forteresse construite par les croisés. Puis continuez vers le site de Petite Pétra, situé à 4 km de Pétra. Petite Pétra servait de caravansérail pour éviter les troupeaux dans Pétra. Découvrez l'architecture nabatéenne : les tricliniums (salles à manger), les temples, les tombeaux et les citernes d'eau.

jour 7

➤ Pétra

Visite à pied de la mythique Pétra. Prenez le temps d'arpenter ses recoins cachés : vous avez toute la journée devant vous ! Accès à la cité cachée par le Siq (faille dans la falaise de plus de 100 m de haut). Visite des vestiges de la ville basse : monastère El Deir, trésor El Khazneh, tombes royales, etc. Les roches érodées par le temps forment un labyrinthe aux couleurs jaunes, vertes ou rouges. Splendide !

La Jordanie à la carte

Royaume hachémite de Jordanie
Capitale Amman
Langues Arabe (langue officielle), anglais
Religion Islam (92% de la population)

Étiquette Apprenez quelques mots du pays, les présentations en particulier (Comment allez-vous ? : *Salam aleikoum ?* – Bien et vous ? : *Aleikoum salam ?*)
Un plat Le traditionnel *mensaf* (ragoût d'agneau servi avec du riz et des pignons).
Un artiste Omar Abdullat est un chanteur populaire très patriotique et reconnu pour ses hymnes traditionnelles reprises par tous à travers le pays.

41 Italie

Escapade gourmande en Toscane

de Pise | **à** Montalcino | **nombre de jours** 8

Inoubliable...

- *Flâner dans la vieille ville de Florence, Sienne ou Montepulciano.*
- *Découvrir les Presidia Slow Food et goûter aux meilleurs produits du terroir.*
- *Déguster les meilleurs crus et visiter des vignobles de renom.*

Explorez une région riche en vignobles, collines, vieilles villes, chefs-d'œuvre et gourmandises. Depuis la magnifique Florence, le «berceau de la Renaissance», jusqu'à Pise et son étonnante tour penchée, en passant par Sienne, la région du Chianti, Montepulciano et Montalcino et leurs vins prestigieux, San Gimignano avec ses grandes tours... Vous goûterez des plats locaux, visiterez des caves à vin, goûterez d'excellents crus... et aurez la chance de participer à la fête du «Tordo», commémoration des joutes et des tournois organisés à la fin de la saison de la chasse.

➤ Pourquoi en octobre ?

L'automne est une période idéale pour profiter de la campagne. Le pays jouit alors de températures agréables et d'une activité touristique plus calme.

Florence

Itinéraire

jour 1

➤ Pise – Donnini

Plongez dans l'ambiance italienne dès votre arrivée à Pise, où vous découvrirez bien sûr sa célèbre tour penchée. Puis, cap sur Donnini et la Villa Pitiana, où vous pourrez déposer vos bagages pour la nuit. La ville compte nombre de bons restaurants, et parmi eux plusieurs sont adeptes du *Slow Food*, un mouvement gastronomique fondé en 1989 pour contrer le *fast food*.

jour 2

➤ Lucca – Capannori – Sorana – Carmignano

Départ pour Lucca, la ville de Giacomo Puccini, et visite de sa maison natale. Visite guidée du centre historique, avec ses merveilleuses églises, ses musées et palais, entourés de murs médiévaux. Direction Capannori ensuite, situé dans les plaines caractéristiques de Lucca. Parcourez les paysages de collines plantées d'oliviers. Et découvrez les haricots de Sorana, le fromage Pecorino, le Biroldo Della Garfagnana (boudin) ou encore la Bottarga d'Orbetello

La méthode « persillage »

La méthode des papiers décoratifs connus sous le nom « persillage » est une façon originale de décorer le papier à la main. Le persillage permet des nuances de couleurs, de dessins et de modèles qui ne peuvent être reproduits par d'autres méthodes. La base sur laquelle les dessins sont formés est contenue dans une piscine spéciale. Les couleurs sont pulvérisées sur la surface du liquide et ensuite mélangées avec différents types d'outils (brosses, peignes, etc.) jusqu'à obtention du design souhaité. Le papier est posé sur la surface couverte par la couleur du liquide. À l'époque, cette méthode était très populaire dans une grande partie de l'Europe et était considérée comme un art de la reliure. Aujourd'hui, ce type d'activité a presque disparu, à quelques exceptions près. Seule l'entreprise Papyrus, à Florence, fabrique des objets en papier décoré à la main avec des techniques inspirées des traditions régionales de la Toscane.

Brunello di Montalcino, meilleur vin au monde ?

Meilleur vin du monde (selon le prestigieux magazine *Wine Spectator* en 2006), le Brunello di Montalcino fait la réputation de la région. Son histoire remonte à la fin du XIXe siècle, alors qu'un jeune viticulteur italien plante sur ses terres un cépage identique au Sangiovese, puis laisse vieillir longuement son vin en fût pour lui donner un goût plus prononcé que les vins de l'époque (plus jeunes et plus doux). C'est de là que vient la légende de ce vin : un seul homme qui décide de bousculer les habitudes établies pour créer un vin nouveau, plus velouté et intense. Avis aux intéressés : il existe toujours quelques bouteilles du premier grand millésime du Brunello de 1888 !

Montepulciano

(œufs de poisson), le tout accompagné de vins locaux. Le musée du vin et du raisin de Carmignano permet d'ailleurs d'en apprendre plus à ce sujet.

jour 3

Florence

Départ le matin pour Florence. Flânez dans le centre historique et visitez l'église Santa Croce, « Panthéon de la Splendeur italienne ». D'illustres Italiens, de Michelangelo à Galileo, en passant par Rossini et Machiavelli, y sont enterrés. Faites une halte chez un marchand de glace. Le plus vieux de Florence, le Pourquoi pas !, offre plus de 33 parfums différents ! Visitez la galerie Uffizi, le marché du cuir, et ne manquez pas de dîner dans un restaurant de charme de la ville.

jour 4

Sienne – San Gimignano

Départ pour Sienne. Visite des plus belles œuvres architecturales de la ville, y compris le fameux musée Delle Contrade. Prenez le temps de goûter aux desserts traditionnels : le Panforte, en particulier, mérite qu'on le découvre. Faites route ensuite vers San Gimignano. En chemin, une nouvelle pause culinaire s'impose. L'oignon de Certaldo, le safran de San Gimignano et l'huile d'olive vierge biologique locale sont à essayer.

jour 5

Castellina in Chianti – Greve in Chianti

Une journée entière passée à la découverte des collines du Chianti le long de la Via Chiantigena. Découvrez les herbes aromatiques récoltées et séchées en suivant les techniques anciennes de Duccio Fontani. Visitez la merveilleuse ville de Greve in Chianti, son petit centre historique et le Podere Fornaci. Sur place, participez à l'une des dégustations de fromages biologiques, préparés à partir du lait des chèvres qui paissent dans les collines alentour.

jour 6

Montepulciano – Pienza

Montepulciano, perchée à une hauteur de 605 m au-dessus de la mer, offre des vues étonnantes sur les collines environnantes. Visitez une cave à vin et dégustez quelques-unes des meilleures recettes de la Toscane. Puis, départ pour Pienza, ville de la Renaissance, célèbre pour son fromage Pecorino.

Sienne

jours 7 et 8

➤ Montalcino

Montalcino est célèbre pour son Brunello, l'un des meilleurs vins rouges au monde. C'est également une magnifique ville d'art qui domine 3 000 ha de vignobles. Une dégustation de vin et une visite guidée des caves s'imposent. En octobre, vous aurez aussi la chance de participer à la fête du Tordo, une commémoration des joutes, organisée à la fin de la saison de la chasse (dernier dimanche d'octobre). La fête du Tordo ou « fête de la grive » a des racines qui remontent à l'époque romaine. Il paraît qu'à cette époque la chasse à cet oiseau migrateur se fêtait avec des tournois, des danses et des banquets opulents. De nos jours, ce moment de l'année est toujours célébré par une compétition de tir à l'arc en costumes historiques. Au menu, les traditionnels *pici* (sorte de gros spaghettis) avec gibier et vin local, le tout à savourer à l'intérieur de la forteresse du XIIIe siècle.

L'Italie à la carte

République d'Italie
Capitale Rome
Langue officielle Italien
Religion Catholicisme (90% de la population)
Un plat Cappellettis et parmesan de Toscane
Un artiste Le compositeur Giacomo Puccini est l'auteur de *La Bohème* et de *Madame Butterfly*.

42 Corée du Sud

Zen et festivités

boucle au départ de Séoul **nombre de jours** 8

Inoubliable…

- *Se promener dans Séoul et découvrir ses palais royaux.*
- *Marquer une pause devant le temple Sinheungsa, le plus vieux temple zen du monde.*
- *Goûter au poisson cru pendant le mythique festival de Jalgachi.*
- *Sillonner la ville de Gyeongju, véritable musée à ciel ouvert.*

La Corée du Sud est l'un des secrets les mieux gardés d'Asie. Encore peu de voyageurs s'y rendent. Et pourtant, le pays a tant à offrir: montagnes sacrées, temples bouddhiques, hauts gratte-ciel de Séoul, belles plages où se relaxer… Entre spiritualité, architecture monumentale et traditions toujours vivaces, ce pays invite à des surprises de chaque instant. L'une d'entre elles est sans conteste l'étonnant festival de Jagalchi, le plus grand festival de fruits de mer au monde, où spectacles et croisières permettent de découvrir le pays d'une manière originale!

Pourquoi en octobre ?

C'est le mois du célèbre festival de Jagalchi.

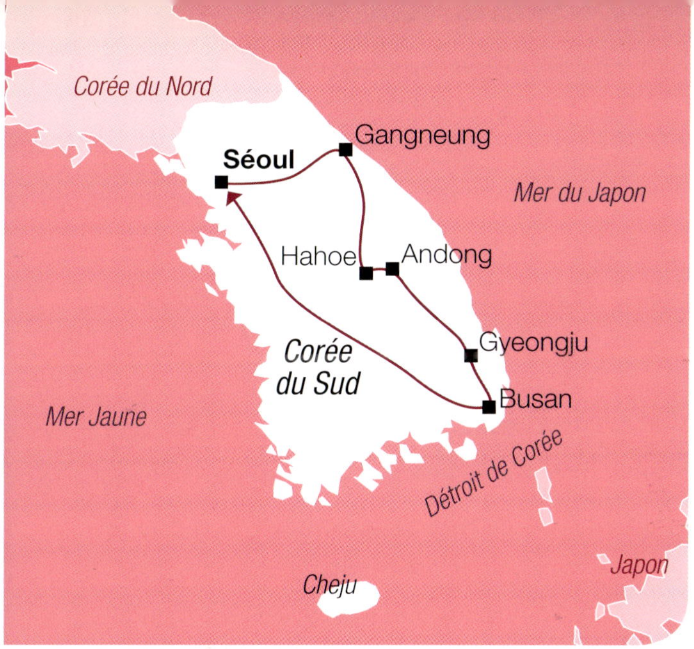

Festival de la boue

Voilà maintenant près de 15 ans que la grande fête de la boue se tient chaque année sur la côte ouest du pays. Durant quatre jours, plus de deux millions de festivaliers se donnent rendez-vous pour s'amuser et se relaxer dans la boue de Boryeong. Cette boue serait dotée de propriétés remarquables, comme sa haute teneur en germanium, en bentonite et autres minéraux. Au programme, bain de boue pour tout le monde, lutte et parcours militaire pour les plus téméraires, massages et relaxation pour les plus tranquilles. Le soir, le site s'anime de concerts et de feux d'artifice. Le festival rassemble des personnes venues de tout le pays.

Itinéraire

jour 1

Séoul

Pour vous plonger dans l'ambiance de la ville aux multiples visages, commencez par la visite du palais Gyeongbokgung, résidence officielle de la dynastie Joseon (1392-1910). Continuez vers le musée des arts et traditions populaires qui met en valeur la culture et l'histoire du pays. Changement de décor ensuite avec une promenade le long d'Insadong, artère colorée où se bousculent galeries d'art, boutiques d'antiquités, restaurants traditionnels et maisons de thé. Si le cœur vous en dit, pourquoi ne pas prolonger la marche par la promenade Cheonggyecheon ? Longeant une rivière, elle traverse la ville de part en part, jalonnée de fontaines et sculptures modernes, à l'ombre des gratte-ciel futuristes. Terminez la journée par une séance de photos du haut de la N Seoul Tower, qui culmine à 238 m et offre des points de vue saisissants sur la capitale.

jour 2

Mont Seoraksan

Au matin, départ pour le parc national du Mont Seoraksan, l'un des plus beaux du pays, à la végétation luxuriante. Le pic Gweongeumseong offre un sublime panorama de la région, et un détour par le temple Sinheungsa permet d'admirer l'un des plus anciens temples zen du monde.

jour 3

Gangneung

Route vers Andong. En chemin, arrêtez-vous au curieux musée du Gramophone de Chamsori, le seul de son espèce qui présente des instruments allant du plus ancien modèle Edison aux systèmes de son les plus avant-gardistes. La prochaine étape est le parc de la Réunification de Gangneung, situé près de la côte est du pays. Parmi les nombreux pavillons dédiés à l'histoire de la Grande Corée, ne manquez pas celui de la guerre. Du haut d'un promontoire, vous verrez la mer au loin. Visitez enfin l'école de Dosanseowon, foyer essentiel du confucianisme en Corée.

jour 4

Hahoe – Andong

Direction le superbe village traditionnel d'Hahoe, dont les quelque 130 maisons ont été remarquablement conservées

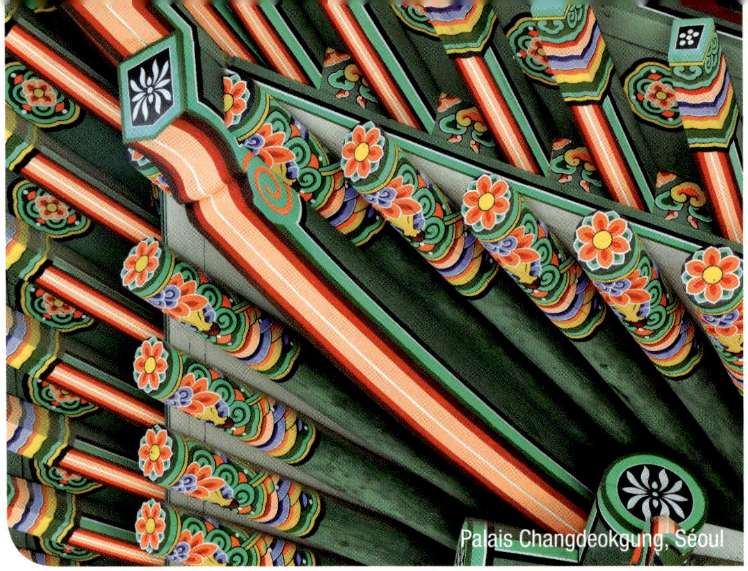

Palais Changdeokgung, Séoul

au cours des générations, de la demeure de maître à la hutte paysanne. L'ensemble est classé au patrimoine mondial de l'UNESCO. Au musée d'Andong, philosophie confucéenne et jeux ancestraux offrent un aperçu approfondi d'une culture si riche.

jour 5

Gyeongju

Gyeongju fut la capitale du royaume Silla (57 av. J.-C. – 935 apr. J.-C.). La ville est un véritable musée à ciel ouvert où l'on peut admirer de nombreux vestiges du passé royal et témoignages du bouddhisme, alors religion d'État.

jours 6 et 7

Busan (festival de Jagalchi)

Direction Busan, le principal port de Corée. Un tour s'impose à la Busan Tower, près du parc Yondusan, pour profiter d'une vue imprenable sur la ville. Le marché aux poissons de Jagalchi, l'un des endroits les plus populaires de la ville de Busan, vous plongera dans l'atmosphère vibrante de la cité, à la rencontre du peuple coréen. C'est l'un des plus grands festivals de fruits de mer au monde ! Divers ateliers sont proposés : découpe de poisson cru, concours de cuisine, concours de beauté... Ainsi que plusieurs spectacles : *yongwangje* (rituels de pêcheurs), *manseonje* (prière pour une pêche abondante), *gilnori* (spectacle avec des percussions traditionnelles)...

jour 8

Séoul

Ce matin, prenez la direction de Séoul pour une dernière découverte de la ville. Au célèbre musée national de Corée, des milliers de trésors du patrimoine coréen sont exposés dans les galeries. Dépaysement absolu ensuite avec une séance de magasinage dans la rue Itaewon, au cœur du quartier commerçant de la capitale. Puis, continuez votre visite par le palais Changdeokgung. Classé au patrimoine mondial de l'UNESCO en 1996, il est célèbre pour ses magnifiques jardins. Enfin, le théâtre Jeongdong vous permettra d'apprécier d'autres aspects de la culture coréenne : danse traditionnelle, musique de cour et chansons populaires.

La Corée du Sud à la carte

République de Corée du Sud
Capitale Séoul
Langue officielle Coréen
Religions Christianisme (un tiers de la population), bouddhisme (un tiers)

Étiquette Évitez les sujets qui fâchent : l'histoire mouvementée du pays, les relations avec la Corée du Nord et avec le Japon.
Un plat Le traditionnel *Kalguksu* (un plat de nouilles servi dans un bouillon de viande).
Un artiste La patineuse artistique Kim Yuna a remporté une médaille d'or aux Jeux olympiques de 2010 à Vancouver, alors qu'elle n'était âgée que de 19 ans.

novembre

43 Autriche

➤ Pourquoi en novembre ?

Le vin nouveau viennois, que l'on nomme également Heuriger, se déguste en novembre.

Vienne hors norme

à Vienne et sa région **nombre de jours** 7

Inoubliable...

- *Marcher dans les pas de Sissi l'impératrice.*
- *Fêter l'arrivée du vin nouveau dans une taverne traditionnelle.*
- *Passer une soirée à l'opéra de Vienne.*
- *Découvrir le Quartier des musées.*

Voici un parcours à la découverte de Vienne sous toutes ses coutures. Entre flâneries au marché et soirée à l'opéra, plongez dans les délices culinaires viennois, naviguez sur le Danube, découvrez la belle campagne autrichienne, celle-là même qui a inspiré Beethoven, et dégustez un délicieux *Wiener Schnitzel* bien arrosé dans une taverne de la forêt viennoise.

Château de Schönbrunn

Hundertwasserhaus

Le Troisième Homme

Souvent considéré comme l'un des meilleurs films noirs jamais réalisés, *The Third Man* est un film britannique de Carol Reed tourné en 1948 dans la ville de Vienne alors dévastée au lendemain de la guerre. Acclamé au Festival de Cannes en 1949, le film retrace le parcours d'un écrivain américain raté, Holly Martins, à la recherche de son ami autrichien Harry Lime. Plusieurs scènes comptent désormais parmi les séquences d'anthologie du cinéma, notamment dans les égouts et les décombres de Vienne.

Itinéraire

jour 1

➤ Château de Schönbrunn

Le célèbre château de Schönbrunn est indubitablement l'endroit le plus visité à Vienne, et pour cause ! Résidence d'été de la cour sous le règne de Marie-Thérèse, il marque le triomphe de l'élégance du style rococo du XVIIIe siècle. Dans la galerie des glaces, Mozart, âgé de six ans, étonna l'impératrice et ses courtisans par la précocité de ses talents.

jour 2

➤ Hofburg – MuseumsQuartier

Visitez le cœur historique de la ville et la crypte des Capucins, lieu de sépulture de la famille impériale depuis trois siècles. Sur les traces de Sissi, la visite se poursuit dans les somptueux appartements de l'ancienne impératrice d'Autriche (1854-1898) et les secrets du palais de la Hofburg. Un peu plus loin, l'entraînement des chevaux lipizzans se déroule dans le plus grand silence à l'École espagnole, l'école d'équitation la plus renommée du pays. Découvrez enfin le Quartier des musées, l'une des plus grandes aires culturelles du monde ! Inauguré en 2001, il rassemble plusieurs musées d'envergure à l'architecture moderne et baroque. Le musée Léopold expose des œuvres de Gustav Klimt, ainsi que de Schiele et Kokoschka. Face à lui, le Mumok mêle pop art et nouveau réalisme. Terminez la journée dans une vraie taverne viennoise. Dans le quartier des vignerons de Grinzing, l'ambiance s'anime au son des valses, polkas et chansons d'opérettes populaires interprétées joyeusement.

jour 3

➤ Croisière sur le Danube

Laissez-vous charmer par les paysages romantiques au fil de la croisière : villages et vignobles à flanc de collines ; vieux

Lac de Neusiedl

Palais de la Hofburg

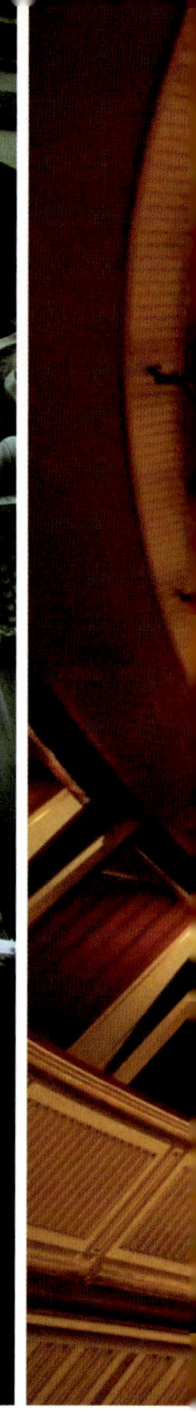

Heuriger

Selon la tradition, le terme « Heuriger » s'utilise pour parler du vin de Vienne mis en bouteille dans l'année en cours. Le mot sert aussi à désigner les tavernes traditionnelles où l'on va boire ce vin, des lieux de convivialité légendaires dont les Viennois sont très fiers. Lorsque la taverne est ouverte, son propriétaire place des rameaux de pin à l'entrée ainsi qu'une pancarte avec l'inscription *Ausg'steckt*.

châteaux qui illustrent l'importance commerciale et historique du fleuve... La ville de Krems est le cœur de la région de la Wachau. Elle s'élève sur la rive gauche du Danube, au pied de collines de loess couvertes d'un vignoble réputé cultivé en terrasses.

jour 4

➤ Naschmarkt – Wienerwald

Visite du Naschmarkt, le ventre de la ville. Créé au XVIIIe siècle, ce marché extérieur attire une foule bigarrée. Derrière les riches étals de fruits et légumes, de viandes et poissons, de pains et fromages, on goûte également toutes les saveurs venues des Balkans, de Grèce et de Turquie. Direction plein sud ensuite, pour découvrir la forêt viennoise, aussi appelée Wienerwald. Elle abrite de charmantes villes thermales comme Baden, des villages pittoresques et la belle abbaye de Heiligenkreuz, excellent aperçu de l'art roman épuré de l'ordre des cisterciens.

jour 5

➤ Eisenstadt – Lac de Neusiedl – Opéra de Vienne

Au sud-est de Vienne, visitez le château des Esterházy à Eisenstadt, l'une des résidences favorites de cette famille hongroise où le compositeur Joseph Haydn a vécu quelques années. Construit au XVIIe siècle, le château invite à découvrir la magnificence de la vie de cour, avec passage obligé dans la salle de Haydn où les visiteurs sont accueillis par des guides en costumes d'époque. Découvrez ensuite le lac de Neusiedl, classé au patrimoine mondial de l'UNESCO. La majeure partie du lac est entourée de roseaux où vit une extraordinaire faune aquatique avec plus de 250 espèces d'oiseaux. Le tout au cours d'une croisière au son de la

Opéra de Vienne

musique tzigane. Soirée à l'opéra de Vienne, considéré comme l'un des trois plus importants opéras au monde.

jour 6

➤ Musées Juif et d'Albertina

Visite du Musée Juif et de sa belle collection d'objets rituels, de tableaux et de dessins relatant la vie de l'importante communauté juive viennoise. Découverte du musée d'Albertina, où l'on peut admirer la plus grande collection d'art graphique au monde: Dürer, Rubens, Rembrandt, Cézanne, Manet ou Modigliani! Poursuivez par une promenade agréable à la découverte des maisons fort originales de l'artiste, peintre, penseur et architecte autrichien Hundertwasser, au message profondément écologiste.

jour 7

➤ Sur les traces du Troisième Homme

Un parcours fascinant permet d'en apprendre beaucoup sur la façon dont le film *The Third Man* a été tourné, mais aussi sur la Vienne de l'occupation des Alliés à partir de 1945: guerre froide, marché noir, sans oublier le fameux air de cithare! Plus de 60 ans après la mort de Harry Lime (joué par Orson Welles) dans les égouts de Vienne, son âme continue à hanter la ville. Les traces de la Seconde Guerre mondiale ont disparu, mais on constate que les endroits où a été tourné le film de Carol Reed en 1948 n'ont pas changé!

L'Autriche à la carte

République d'Autriche
Capitale Vienne
Langues Allemand (langue officielle), anglais, croate, hongrois, tchèque, turc
Religion Catholicisme
Étiquette Au restaurant, il est d'usage de laisser 10% de pourboire, même si celui-ci est déjà compris dans le prix.
Un plat Un délicieux *Wiener Schnitzel* (escalope panée) accompagné d'une vraie tarte Sacher et d'un pichet de Heuriger!
Quelques artistes Mozart, Schubert, Strauss, Mahler

44 Égypte

➤ Pourquoi en novembre ?

La température est moins cuisante en automne qu'en été. Choisir l'automne permet aussi de visiter d'autres régions d'Égypte, comme le fameux désert blanc, tout en étant assuré d'une douce chaleur et en évitant les tempêtes de sable.

Louxor

Sur les pas d'Agatha Christie

de Louxor **à** Assouan **nombre de jours** 4

Inoubliable...

- *Naviguer le long du Nil au son des oiseaux et des vagues.*
- *Admirer les temples de Louxor, Karnak, Edfou, Kom Ombo, Philae...*
- *Profiter du charme d'un des plus fameux bateaux d'époque.*

C'est à la Belle Époque, peu après la Première Guerre mondiale, que les croisières sur le Nil commencèrent à voir le jour. Diplomates ou hommes d'affaires, militaires ou intellectuels, tous voulaient prendre place à bord d'un de ces bateaux de légende qui naviguaient le long du fleuve. À l'époque, la croisière durait une vingtaine de jours entre Le Caire et Assouan. Et les bateaux étaient à vapeur. Aujourd'hui, pour renouer avec le charme des voyages d'autrefois, cet itinéraire vous propose d'embarquer sur un bateau d'époque magnifiquement restauré. Plus qu'une croisière sur le Nil, ce voyage est une porte ouverte sur la légende.

Le *Steam Ship Sudan*

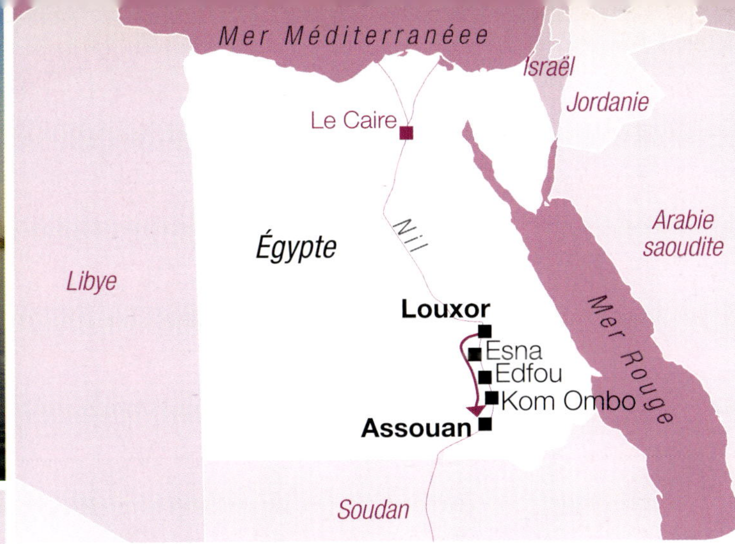

Le Steam Ship Sudan

Authentique vapeur construit à l'aube du XXe siècle, le *Steam Ship Sudan* a connu une histoire de légende. Les archives égyptiennes ont permis de retrouver une fiche datée de 1926 annonçant sa remise à l'eau après rénovation. C'est l'époque faste des croisières sur le Nil. Tout le monde s'y presse. Parmi eux, un jeune archéologue répondant au nom de Henry Mallowan accompagné de sa femme, une brillante romancière de polars. Agatha Christie Mallowan en tirera l'idée de *Mort sur le Nil*…

Au printemps 2001, la machine à vapeur refait ses premiers tours et la roue à aubes brasse de nouveau les eaux du Nil : le *Sudan* renaît. En 2007, le bateau de croisière est intégralement restauré avec le souci de concilier l'atmosphère d'origine avec les aménagements modernes. Il faudra six mois de travaux, puis un peu de chine dans les souks du Caire pour dénicher des meubles d'époque et beaucoup de photos anciennes pour les détails de décoration afin que les cuivres, bois et porcelaines retrouvent leur allure d'antan.

Itinéraire

jour 1 ➤ Louxor

Embarquement à Louxor à bord du fameux *Steam Ship Sudan*. Une fois les amarres larguées, laissez-vous porter jusqu'au complexe de Karnak, classé au patrimoine mondial de l'UNESCO. Depuis son temple principal, dédié à Amon, le dieu de Thèbes a pondu le premier œuf qui créa la vie. Parcourez l'allée bordée de sphinx au cœur des palmeraies du désert.

jour 2 ➤ Esna

C'est au petit matin qu'il est le plus agréable de découvrir la célèbre Vallée des Rois, jadis le lieu de sépulture des pharaons, et la Vallée des Reines, nécropole des femmes des pharaons et de leurs filles. De retour à bord du *Steam Ship Sudan*, profitez des joies de la navigation et du paysage qui défile tranquillement sur les berges colorées de plantations de bananiers. Après avoir franchi l'écluse d'Esna, vous serez en route vers Edfou, sous un ciel étoilé.

jour 3 ➤ Edfou – Kom Ombo

Le temple d'Horus, à Edfou, est l'un des joyaux de cette traversée. Il impressionne par sa remarquable conservation et ses dimensions spectaculaires. Sur plusieurs murs encore debout, on retrouve des gravures représentant des faucons, symbole du dieu Horus. Au coucher du soleil, découvrez l'architecture singulière du temple de Kom Ombo, voué au culte des dieux Sobek et Haroëris. En effet, rares sont les temples consacrés à deux déités à la fois, et cette particularité se ressent dans la construction même de l'édifice.

jour 4 ➤ Assouan

Assouan la mythique marque la fin de la vallée du Nil et le commencement de la Nubie, ancien royaume longtemps indépendant de l'Égypte. Aujourd'hui encore, bien que la Nubie soit considérée comme une région égyptienne, entrer en territoire nubien devient un voyage dans le voyage. C'est ici que le désert prend ses marques et que le temple de Philae se dresse dans un dernier écrin de verdure.

L'Égypte à la carte

République arabe d'Égypte
Capitale Le Caire
Langues Arabe (langue officielle), français, anglais
Religion Islam (90% de la population)
Étiquette Ne critiquez pas le gouvernement, ayez une tenue recouvrant bras et jambes, ne faites pas la bise aux dames.

Un plat Le *shawerma* est la version égyptienne du *döner kebab* turc : de fines tranches de mouton servies dans du pain avec un accompagnement.
Un artiste Décédée en 1975, la cantatrice et musicienne Oum Kalthoum est toujours considérée comme la plus grande chanteuse du monde arabe.

45 Inde

Taj Mahal, Agra

Le Rajasthan, l'Inde majestueuse et colorée

de New Dehli **à** Varanasi **nombre de jours** 21

Inoubliable...

- *Admirer le Taj Mahal.*
- *Découvrir les «havelis» finement sculptées, tout droit sorties du désert.*
- *Grimper jusqu'au fort Amber à dos d'éléphant.*
- *Regarder le soleil se lever sur le Gange.*

Un itinéraire à la découverte des anciennes civilisations du Rajasthan! Du désert de Thar aux eaux sacrées du Gange en passant par «la ville rose», Jaipur, et les plus belles régions alentour, entrez dans la magie de l'Inde. Une escapade au cœur des traditions, villages typiques, palais grandioses et paysages aussi divers qu'époustouflants! Au départ de New Delhi, partez à la découverte des «havelis» et des ruelles des vieilles villes où se promènent les vaches sacrées, visitez les plus beaux temples classés au patrimoine mondial de l'UNESCO et les villes les plus romantiques de la région comme Udaipur, Jodhpur ou encore Jaisalmer, avant de rejoindre Jaipur pour une balade à dos d'éléphant.

Pourquoi en novembre ?

C'est la saison fraîche dans le nord de l'Inde. La mousson est terminée dans la majeure partie du pays, et le climat est doux.

Jodhpur

Itinéraire

jour 1

New Delhi

La capitale de l'Union indienne est une ville dense et intense. C'est bien souvent par elle que débute tout voyage en Inde, et elle prend parfois le voyageur par surprise. En comparaison, le reste de l'Inde paraît bien plus calme ensuite. Découvrez sa vieille ville : Jama Masjid, plus grande mosquée du sous-continent, et Chandni Chowk, vieux quartier dont les ruelles se prêtent bien à une balade en rickshaw.

jour 2

Mandawa

Route vers Mandawa, au cœur du Shekhawati. Comme oubliée du temps, cette province du Rajasthan, autrefois prospère grâce à ses marchands, les Marwaris, est aujourd'hui renommée pour les fresques qui ornent les murs des « havelis », les riches maisons des marchands, construites au XIXe siècle, en période de paix et de prospérité.

jour 3

Bikaner

En route vers Bikaner, jolie ville fondée au XVe siècle par un prince de Jodhpur, à la frontière du désert de Thar. En chemin, découvrez d'autres belles « havelis » à Fatehpur. Mais les « havelis » les plus extraordinaires se trouvent sans conteste à Bikaner.

jour 4

Bikaner – Jaisalmer

Le fort de Junagarh est réputé pour ses palais richement décorés, et admirablement préservés. Après la visite, départ pour Jaisalmer à travers le désert et les villages aux maisons en terre séchée. En chemin, arrêt à Pokaran pour visiter l'ancien fort de la ville, construit en superbes pierres rouges. À l'arrivée à Jaisalmer, profitez du coucher de soleil depuis les cénotaphes royaux.

jours 5 et 6

Jaisalmer et désert de Thar

Le village de Khuri, situé à une cinquantaine de kilomètres de Jaisalmer, est le point de départ idéal pour une excursion dans le désert. Grimpez sur le dos d'un chameau, ou préférez le confort d'un véhicule tout-terrain. Passez la nuit sous la tente ou à la belle étoile. Le lendemain,

Le jaïnisme

La religion jaïne prône la non-violence de manière très engagée. Elle a été largement médiatisée en raison de pratiques que certains jugent extrêmes. Le jaïnisme compte plus de 3 millions de pratiquants, essentiellement en Inde, et en particulier dans l'État du Rajasthan. Philosophie première du jaïnisme: « Toutes les vies sont interdépendantes et donc se doivent un mutuel respect, une mutuelle assistance. » Cette philosophie implique ainsi entre autres choses le végétarisme. Les Jaïns excluent même les racines de leur régime alimentaire, car le fait d'arracher une racine revient à détruire une vie végétale, et cela pourrait également causer la mort d'un animal (ver de terre ou autre). Les Jaïns les plus pieux ne se déplacent pas, ne mangent pas et ne boivent pas avant le lever du jour ou après le coucher du soleil car ils pourraient blesser un être vivant du fait de l'obscurité. En visitant le Rajasthan, on rencontre assez fréquemment ces hommes et femmes, tout de blanc vêtus. Ils portent souvent un masque (pour ne pas avaler d'insectes) et balaient devant eux avant de marcher. Au Rajasthan, le temple jaïn de Jaisalmer ou celui d'Adinatha à Ranakpur sont de toute beauté.

Temple jaïn, Jaisalmer

après avoir contemplé le lever du jour sur les dunes, revenez vers Jaisalmer et partez découvrir celle que l'on surnomme aussi la « cité d'or » : vieux palais, temples jaïns, murailles, « havelis » aux façades finement sculptées, flânerie dans les ruelles, artisanat de châles de laine tissés... Puis visitez le Gadi Sagar, un petit lac bordé de temples et de pavillons, autrefois principale source d'alimentation en eau de la cité.

jour 7

➤ Osian – Jodhpur

Départ pour Jodhpur à travers le désert. En chemin, visitez les temples jaïns et hindous richement sculptés d'Osian. À Jodhpur, profitez de la fin de journée pour arpenter les ruelles colorées du Sardar Bazar autour de la tour de l'horloge. Et découvrez pourquoi la ville est surnommée la « cité bleue ».

jour 8

➤ Jodhpur

Jodhpur a beaucoup à offrir aux voyageurs. À l'abri des remparts de l'immense fort de Mehrangarh, les maharajas ont aménagé un luxueux palais maintenant transformé en musée. Après la visite et en redescendant vers la ville, prenez le temps de visiter Jaswant Thada, le majestueux mémorial de marbre blanc de Jaswant Singh II. Puis, reprenez la route vers la ville blanche d'Udaipur, à travers les paysages verdoyants des monts Aravallis. En chemin, de nouveaux temples jaïns, encore plus beaux les uns que les autres, méritent la visite. Le temple d'Adinath, imposant comme une cathédrale, est ciselé comme un bijou d'ivoire. Quelque 1 440 piliers sont recouverts de motifs toujours renouvelés et plus raffinés.

jour 9

➤ Udaipur

Au cœur de la chaîne des Aravallis, Udaipur fut la capitale de la province du Mewar. La perle du Rajasthan est l'une des villes les plus romantiques de l'Inde, surnommée aussi la « Venise de l'Orient ». Découvrez le City Palace, le plus vaste complexe palatial de la province. Et profitez d'une douce promenade en barque sur le lac pour observer les « ghâts » (escaliers) qui bordent la rive. Ne manquez pas enfin la promenade dans les magnifiques « jardins des demoiselles ».

jour 10

➤ Dungarpur

La route vers la cité de Dungarpur est de toute beauté, à travers le désert et ses villages fortifiés. Édifiée au bord d'un

Fresque, Mandawa

lac, la ville est l'occasion de se reposer du trajet. L'ancien palais abrite les plus belles fresques murales du Rajasthan.

jour 11

➤ Bijaipur

En chemin vers le village de Bijaipur, visitez la forteresse de Chittorgarh, le haut lieu de l'épopée rajpoute. Il s'agit là de la plus grande forteresse du Rajasthan. Poursuivez vers Bijaipur, jolie petite bourgade, très agréable à visiter à pied.

jour 12

➤ Bundi

Le fort de Bundi domine la petite cité nichée entre les collines, un peu à l'écart des itinéraires classiques. Les murs de certaines salles sont couverts de fresques, réalisées par l'école de Bundi et figurant parmi les plus belles du Rajasthan.

jours 13 et 14

➤ Jaipur

Départ pour Jaipur, la cité rose et capitale du Rajasthan. Sillonnez la ville et ses marchés à votre rythme. En soirée, laissez-vous charmer par les lumières qui colorent plusieurs monuments. Découvrez l'étonnant Hawa Mahal, le palais des vents. C'est une façade de grès rose finement sculptée derrière laquelle se cachaient les femmes de la cour pour assister, sans être vues, aux défilés de la rue. Départ ensuite pour le fort d'Amber, à une dizaine de kilomètres de Jaipur, et visite de la demeure ancestrale des maharadjas. C'est à dos d'éléphant que vous pourrez atteindre le sommet de la colline sur laquelle est juché le palais, fabuleux dédale de cours, de jardins intérieurs, de chambres décorées de miroirs et de mosaïques. De retour à Jaipur, visitez le City Palace, dont les murs abritent un musée du textile et du costume, des collections de miniatures et d'armes, des salles d'audience et des cours aux portes richement décorées. Fin des visites à Jantar Mantar, l'étonnant observatoire que construisit Jaï Singh II et où astrolabes et cadrans solaires forment un paysage surréaliste.

jour 15

➤ Fatehpur Sikri

Fatehpur Sikri est l'ancienne capitale de l'Empire moghol. Construite au XVIe siècle pour commémorer la naissance de Jahangir, premier fils d'Akbar, cette ville fut abandonnée par ce dernier une quinzaine d'années plus tard, probablement en raison du manque d'eau. Quatre siècles plus tard, la cité, parfaitement préservée grâce aux travaux de l'Archaeolo-

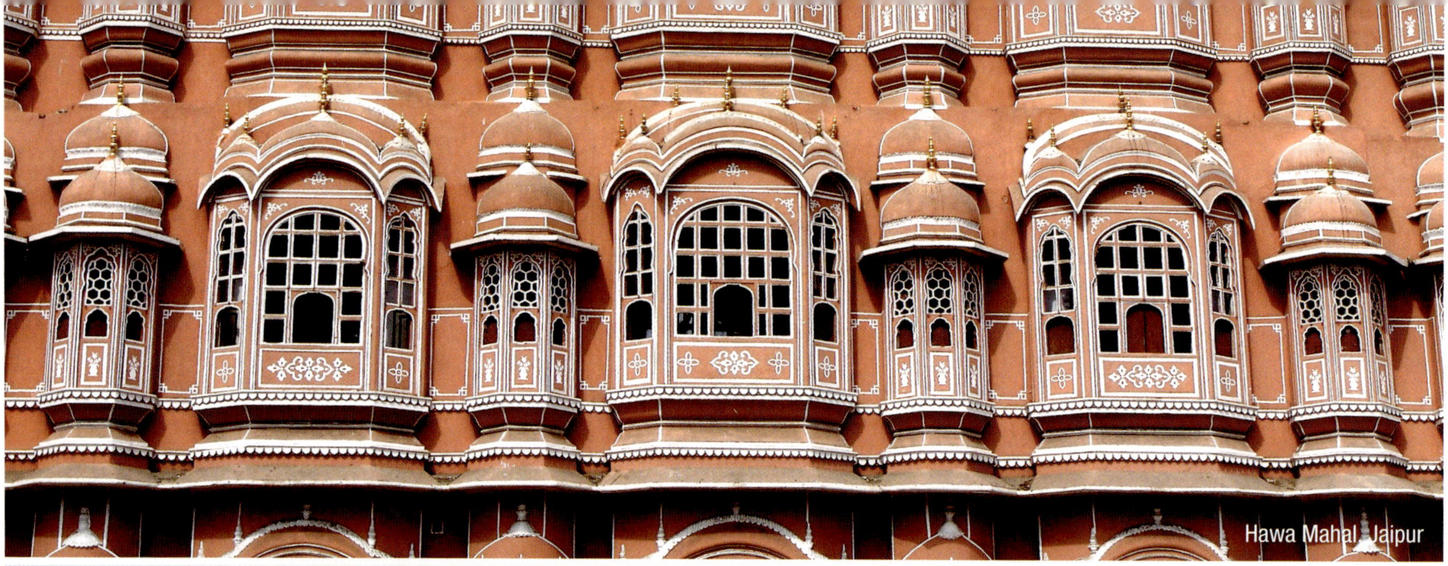
Hawa Mahal, Jaipur

Désert de Thar

City Palace, Udaipur

gical Survey of India, notamment, vous fait revivre la gloire passée de l'Empire moghol.

jours 16 et 17

➤ Agra

Agra est mondialement connue pour son Taj Mahal, perle de l'Empire moghol. Récemment classé parmi les sept merveilles du monde moderne, c'est le monument le plus visité du sous-continent et le deuxième au monde après la tour Eiffel ! Le mieux est de le visiter aux petites heures du jour pour profiter des jeux de lumière dorées sur sa façade. Agra compte aussi un autre monument célèbre : le Fort rouge. L'intérieur de la forteresse, véritable cité avec ses palais, ses mosquées et ses jardins, réunit divers styles architecturaux, reflets des différentes époques du style moghol impérial.

jour 18

➤ Jhansi – Orchha

Départ en train pour Jhansi. À l'arrivée, poursuivez par la route jusqu'à Orchha. Cette cité médiévale fut fondée par le Rajpoute Bundela au XVIe siècle. Elle est située le long de la rivière Betwa, l'endroit idéal pour accueillir une capitale. Témoins de son palais glorieux, plusieurs palais se dressent en ville. Le temple de Ram Raja, un palais devenu temple, est sans doute l'un des plus extravagants de toute l'Inde avec le temple de Chaturbhuj, situé dans la même ville, dont vous ne manquerez pas de remarquer les flèches qui s'élèvent dans les airs.

jour 19

➤ Khajuraho

Départ tranquille pour Khajuraho, fameuse cité classée au patrimoine mondial de l'UNESCO, et réputée pour les sculptures érotiques qui ornent les façades de ces temples.

jours 20 et 21

➤ Varanasi

On dit de Varanasi (Bénarès) qu'elle est la plus vieille ville du monde. Elle ne laisse en tout cas personne indifférent. C'est à pied que vous pourrez vous promener le long des « ghâts » (les escaliers qui descendent dans le fleuve Gange) pour prendre la mesure de la ferveur religieuse qui y règne. En soirée, ils accueillent la Puja, cérémonie du culte du Gange, pendant laquelle des milliers de petites lumières sont déposées au creux de feuilles sur les eaux tranquilles du fleuve sacré. Le lendemain, tôt le matin, avant le lever du soleil, les Indiens se rendent au fleuve pour pratiquer leurs ablutions, certainement le spectacle le plus fascinant de Varanasi. D'un

bout à l'autre de la ville, suivant la courbe du fleuve, des centaines de milliers de pèlerins viennent chaque matin se baigner dans le fleuve. À partir du « ghât » de Dashaswamedh, le mieux est de prendre une barque pour observer ces rituels à partir du fleuve. C'est également du fleuve que vous pourrez voir les « ghâts » de crémation. Varanasi est en effet une ville où tout Indien rêve de mourir, car, selon la religion hindouiste, mourir ici met fin au cycle infernal des réincarnations et permet de reposer en paix. Ils sont donc très nombreux, malades et mourants venus de tout le pays, à attendre la fin de leurs jours ici. Non loin de là, le village de Sarnath est l'un des centres majeurs du bouddhisme en Inde. C'est ici que Bouddha prononça son premier prêche. Comparé à Varanasi, Sarnath est un havre de paix. C'est dans le vieux village que des centaines de tisserands travaillent la soie que l'on retrouve dans les boutiques du « chowk » (marché) de Varanasi. De retour à Varanasi, visitez le fameux « chowk » justement. Ce vieux quartier de la ville qui longe les « ghâts » est un véritable labyrinthe de ruelles étroites et tortueuses où la circulation des voitures et des charrettes est impossible.

L'Inde à la carte

République d'Inde
Capitale New Delhi
Langues officielles Hindi et anglais, et plus d'une quinzaine d'autres langues
Religion Hindouisme (environ 80% de la population)

Étiquette Plutôt que de serrer la main ou de faire la bise, joignez les mains et baissez la tête pour dire bonjour.
Un plat Un curry de poulet et légumes aux épices et au *ghee* (beurre clarifié).
Un artiste Ravi Shankar est un prodige du sitar. Il est connu pour avoir été le mentor de George Harrison des Beatles.

Pays Sénoufo, Lobi et Gourounsi

de Ouagadougou **à** Koubri **nombre de jours** 9

Inoubliable...

- *Découvrir les ethnies Mossi, Sénoufo, Lobi, Gourounsi, Dioula, etc.*
- *Randonner dans la région isolée du pays Sénoufo.*
- *Bivouaquer dans de petits villages.*
- *Observer les éléphants et d'autres animaux sauvages.*

Les pays Sénoufo, Lobi et Gourounsi tirent leur nom des peuples qui y vivent. Ce périple est ainsi placé sous le signe des rencontres et découvertes culturelles. Dans un paysage de savane, de terre rouge et de hautes collines, parcourez les hauts bassins de la Comoé, la région de Gaoua et le pays Gourounsi, célèbre pour son architecture unique. L'itinéraire plaira tout particulièrement aux amateurs de randonnées et de bivouacs fabuleux.

Pourquoi en novembre ?

En novembre, la température est propice à la découverte du pays. L'air n'est ni trop chaud ni trop froid, en raison d'un vent chaud venu du désert du Sahara (l'harmattan). Attention toutefois, car il peut souffler fort.

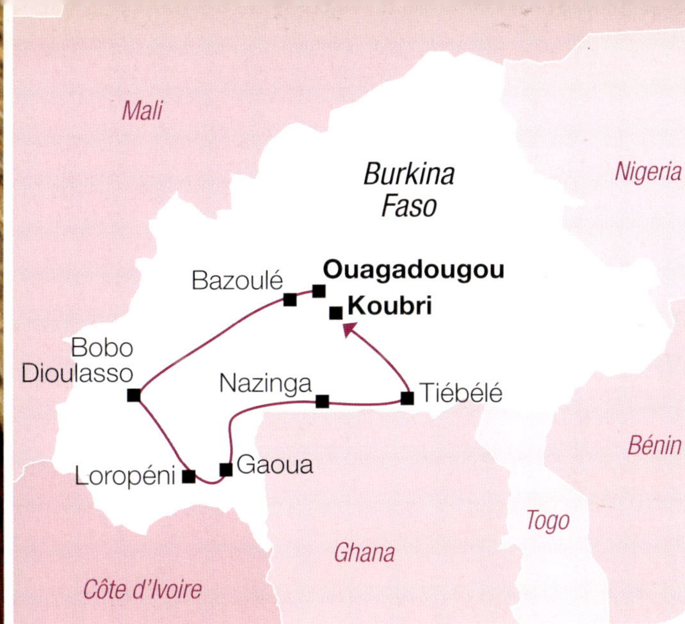

Le pays Lobi

À la frontière du Ghana et de la Côte d'Ivoire, le pays Lobi compte pas moins de sept ethnies parmi lesquelles le peuple Lobi est, sans surprise, le plus représenté. Les Lobis seraient originaires du nord-ouest du Ghana et auraient migré vers le XVIIIe siècle jusqu'au Burkina Faso. Ils sont respectés pour avoir su conserver bon nombre de leurs traditions en résistant à tous les envahisseurs, qu'ils fussent africains ou colons européens. Leur architecture reflète cette hostilité, à l'image de ces cases distantes les unes des autres d'une portée de flèche. Les Lobis ne possèdent pas de pouvoir centralisé. La seule autorité est celle du père de famille. La femme occupe une place très importante. Les Lobis profitent de la saison sèche pour célébrer les grandes funérailles. Le « tan » (bière de mil) coule alors à flots... Le pays Lobi compte également six autres ethnies : Birifor, Dagara, Gan, Dian, Dorossié et Téguessié, principalement cultivateurs, et chasseurs à l'arc occasionnels.

Itinéraire

jour 1

➤ Ouagadougou – Bazoulé

Depuis la capitale Ouagadougou, faites route jusqu'à Bazoulé, un village mossi célèbre pour sa mare aux crocodiles sacrés. Rencontre avec le peuple Mossi, la principale ethnie du pays qui compte aujourd'hui plus de 6 millions de personnes.

jour 2

➤ Bobo Dioulasso – Niansogoni

Découvrez Bobo Dioulasso (« maison des Bobo et des Dioula », en dialecte dioula), la deuxième ville du pays. Bobo possède un grand marché et une mosquée (fin XIXe siècle) construite en banco dans un style soudanais. Puis, reprenez la piste pour atteindre le pays Sénoufo et ses villages animistes reculés, dans un cadre idyllique au sud-ouest du pays. Promenade pour rejoindre un vieux village abandonné où bivouaquer pour la nuit.

jours 3 et 4

➤ Niansogoni – Tangréla

Randonnez en pays Sénoufo, à la découverte des marchés et à la rencontre des danses des masques. Entre Niansogoni et Négueni, cette région isolée du reste du pays abrite un paysage vallonné où sont nichés de petits villages sénoufos. Vous êtes ici au pied du mont Tena Kourou (747 m), à proximité du Mali. Bivouac à Niansogoni avant de reprendre la route jusqu'aux surprenants pics de Sindou, sacrés lors des rituels sénoufos. Marchez dans ce labyrinthe de dômes érodés, avant d'atteindre le village de Tangréla pour le bivouac.

jour 5

➤ Loropéni – Gaoua

Départ pour le pays Lobi par la piste. Arrêt aux ruines de Loropéni, dont on ne connaît pas encore l'origine (prison pour esclaves ou concession d'un chef de guerre), et arrivée à Gaoua, gros bourg au milieu des collines. Visitez le musée consacré à cette ethnie pour une meilleure approche.

Burkina Faso

Mosquée, Bobo Dioulasso

jour 6

➤ Gaoua – Doumbou

En véhicule et à pied, parcourez le pays Lobi et découvrez les cases fortifiées à une portée de flèche les unes des autres, les marchés colorés, ces « cabarets » où l'on s'abreuve de bière de mil dans une ambiance de palabre indescriptible… Bivouac dans un village très reculé et soirée avec le chef et ses proches.

jour 7

➤ Nazinga

Visitez le ranch de Nazinga et observez la faune encore très riche de la région : éléphants, singes, nombreuses antilopes...

jour 8

➤ Tiébélé

Découvrez aujourd'hui le pays Gourounsi et son architecture kassena. Rencontre avec les villageois, échange de sourires…

jour 9

➤ Koubri

Détendez-vous enfin au cœur d'un campement confortable en pleine brousse. Piscine, balades possibles dans les villages mossis... Il y a même quelques quads à louer !

Le Burkina Faso à la carte

République du Burkina Faso
Capitale Ouagadougou
Langues Français (langue officielle), langues soudanaises
Religions Islam (55% de la population), christianisme (20%), rites animistes en parallèle

Un plat Le *tô* (pâte à base de farine de mil accompagné de sauce gombo à l'oseille).
Un artiste Le réalisateur Idrissa Ouedraogo a notamment signé le film *Tilaï*, Grand Prix au Festival de Cannes en 1990.

décembre

47 Suède

Stockholm

Solstice d'hiver

boucle au départ de Stockholm **nombre de jours** 13

Inoubliable...

- *Déambuler dans les vieilles rues de Stockholm.*
- *Découvrir les fjords des îles d'Orust et Tjörn.*
- *Dîner à Göteborg.*
- *Admirer les défilés de la Sainte-Lucie.*

Cet itinéraire part à la découverte du sud de la Suède. Il parcourt ses plus beaux attraits, de Stockholm jusqu'à Malmö et Göteborg, en passant par le château de Gripsholm. Mais le point d'orgue de ce voyage est incontestablement la fête de la Sainte-Lucie, intimement liée à l'âme du pays. Chaque année, le soir du 13 décembre, des défilés célèbrent la période de l'Avent qui précède Noël. Des milliers de jeunes filles marchent alors autour des églises, hôpitaux ou écoles, habillées en blanc, une couronne sur la tête, simplement éclairées à la lumière des bougies. La tradition veut également que l'on s'offre des brioches au safran, dites de la Sainte-Lucie, que l'on chante et que l'on boive du *glögg* (mélange épicé de vin chaud et de vodka).

Pourquoi en décembre ?

Chaque année, le 13 décembre marque les surprenantes célébrations de la Sainte-Lucie, très populaires dans toute la Scandinavie.

Brioches de la Sainte-Lucie

Itinéraire

jour 1 ➤ Stockholm

Flânez dans la vieille ville et ses ruelles médiévales qui longent les canaux de la mer Baltique. C'est à l'hôtel de ville, dans son fameux hall bleu, que se tient, chaque année, le banquet de remise des prix Nobel. Découverte du Vasa Museum, dédié aux navires traditionnels du XVIIe siècle.

jour 2 ➤ Mariefred – Örebro

Départ de Stockholm en direction de Mariefred et son château de Gripsholm du XVIe siècle. Remarquablement conservé, avec des intérieurs de différentes époques, il abrite également une importante collection d'art. À Eskilstuna, rencontrez la communauté Blacksmith, qui perpétue un artisanat de fer forgé aux savoir-faire hérités du XVIIe siècle. Route vers Örebro et son musée Wadköping, en plein air.

jour 3 ➤ Örebro – Karlstad

Visite du magnifique château d'Örebro datant du XIVe siècle. Pour une expérience culinaire des plus remarquables, un détour par Grythyttan et le Grythyttans Värdshus s'impose. Ensuite, route vers Karlstad.

jour 4 ➤ Trollhättan

Roulez le long du lac Vänern jusqu'à Trollhättan. L'intéressant *ropeway tour* offre une vue magnifique sur la ville.

jour 5 ➤ Îles d'Orust et Tjörn

Promenez-vous vers l'ouest jusqu'aux îles d'Orust et Tjörn. Laissez-vous charmer par ces paysages de fjord et par les maisons colorées des villages typiques.

jours 6 et 7 ➤ Göteborg

Deuxième ville du pays, Göteborg a tout le charme d'une grande métropole. Que vous aimiez le calme et la nature, que vous soyez amateur de grande gastronomie, de beaux arts ou de mode, elle a de quoi séduire. Göteborg est particulièrement réputée pour sa vie cultu-

Cloître, Vadstena

Environs de Göteborg

Histoire de prix Nobel

C'est au Suédois Alfred Nobel, inventeur de la dynamite, que l'on doit la création des prix Nobel. À sa mort, il céda sa fortune à un comité chargé de récompenser ceux et celles, de toute nationalité, « ayant apporté le plus grand bénéfice à l'humanité ». Le premier prix fut remis en 1901. Depuis, il couronne chaque année les grandes avancées en matière de paix, littérature, chimie, physiologie ou médecine et physique, ainsi qu'en sciences économiques depuis 1969.

relle, notamment grâce à l'impressionnante collection de son musée d'art.

jour 8

➤ Malmö – Lund

C'est à Malmö que vous devez être pour les festivités, plus particulièrement à Lund, situé à environ 20 minutes de Malmö. La cathédrale de Lund est l'une des plus belles de toute la Suède, visitée par plus de 700 000 touristes chaque année. L'endroit se prête à merveille aux défilés de la Sainte-Lucie.

jour 9

➤ Copenhague (Danemark)

Depuis Malmö, il suffit de traverser le pont d'Öresund pour rejoindre le Danemark et Copenhague, la plus branchée et animée des capitales scandinaves. C'est l'occasion d'y passer la journée ! Puis, retour en Suède.

jour 10

➤ Ystad – Ales Stone – Parc Stenshuvud – Mörrun – Glasriket

Route jusqu'à Glasriket. De nombreuses haltes, plusieurs détours et quelques chemins de traverse ponctuent le trajet : la petite ville de Ystad avec ses charmantes maisons traditionnelles ; Ales Stone, une immense formation géologique datant de plus d'un siècle ; Glimmingehus, l'un des manoirs scandinaves les mieux préservés, vieux de cinq siècles ; le parc national Stenshuvud, pour les amateurs de tranquillité ; le village de Mörrun datant du XIIIe siècle, reconnu pour sa rivière aux saumons, ou encore le musée du Punsch, pour les amateurs de cette fameuse liqueur traditionnelle de Scandinavie à base d'arak et de sucre.

Suède

jour 11

➤ Royaume du Verre (Glasriket)

Il y a plus de 50 ateliers de souffleurs de verre dans la région, et la grande majorité est ouverte au public.

jour 12

➤ Vimmerby – Linköping – Vadstena

Direction plein nord jusqu'à Vimmerby, la ville natale de la célèbre auteure suédoise Astrid Lindgren, où un village reconstitué rend hommage à l'héroïne Pippi Longstocking (Fifi Brindacier). Toujours plus au nord, le musée en plein air Old Linköping recrée un village du siècle dernier avec ses maisons typiques, qui permet d'en apprendre davantage sur le quotidien des Suédois de l'époque. Nuit à Vadstena.

jour 13

➤ Vadstena – Trosa – Stockholm

Visitez le château de Vadstena, le cloître ainsi que la petite ville datant du XIIe siècle. Arrêt aux écluses de Borenshult sur le canal Göta, qui sont encore actionnées manuellement. En chemin vers Stockholm, découvrez la charmante ville de Trosa.

La Suède à la carte

Royaume de Suède
Capitale Stockholm
Langues Suédois (langue officielle), anglais, finlandais, sami
Religion Luthéranisme (85% de la population)

Étiquette Les personnes qui s'apprécient aiment se saluer en se donnant un *kram* (accolade démonstrative).
Un plat Un *smörgås* (une simple tartine de pain, recouverte de poisson fumé, œufs, crevettes ou autre selon la recette).
Un artiste Astrid Lindgren est l'auteure de nombreux livres pour enfants dont l'incontournable *Fifi Brindacier*.

48 **Cuba**

Pourquoi en décembre ?

C'est à ce moment que se tient le Festival de jazz. Qui plus est, le climat est très agréable en cette saison.

La Havane au son des jazzmen

à La Havane | **nombre de jours** 4

Inoubliable...

- *Flâner dans les ruelles de la charmante Habana Vieja.*
- *Chanter et danser lors des concerts, improvisés ou non.*
- *Découvrir des artistes de la scène latino-américaine et du monde entier.*

La Havane est musicale, endiablée et joyeuse. Bon nombre de festivals s'y tiennent, axés sur la musique, la danse et les arts. L'une de ces manifestations les plus emblématiques est le Festival international de jazz. Durant plusieurs jours, la capitale résonne au son des nombreux concerts et des séances d'improvisation, typiques de l'esprit de fête qui plane perpétuellement sur la ville malgré les aléas économiques. La fièvre du jazz envahit tous les espaces, de la Maison de la culture aux cabarets, cafés, rues, arcades des vieux palais et places publiques.

Le Malecón

C'est le nom donné à la longue digue qui borde l'océan Atlantique sur plus de 8 km. Pour entrer pleinement dans le rythme de vie cubain, le meilleur moyen est de se promener à pied le long de l'artère qui épouse son tracé, au coucher du soleil puis en soirée, et de laisser les rencontres venir à soi. C'est le point de ralliement de toute la ville à la nuit tombée.

Itinéraire

jour 1

➤ École nationale des arts et musée de la Ville

Partez visiter la vieille ville à pied, depuis la Plaza de las Armas jusqu'à La Havane moderne et la Plaza de la Revolución. Découvrez l'École nationale des arts de La Havane et le musée de la Ville, qui retrace son histoire et celle de Cuba depuis l'époque coloniale.

jours 2 à 4

➤ Le Festival de jazz

Le Festival de jazz ouvre ses portes. La Havane se laisse bientôt complètement bercer par les rythmes du jazz. Laissez-vous imprégner par cette folle ambiance de spectacle en spectacle, tous de formidable qualité. Pour une expérience ultime, assistez au conférences, aux classes de maître et à la projection des documentaires associés à cette grande fête de la musique.

Cuba à la carte

République de Cuba
Capitale La Havane
Langue officielle Espagnol
Religion Catholicisme (85% de la population)

Étiquette Prenez le temps de connaître une personne avant d'évoquer avec elles les questions politiques, afin de ne pas la mettre dans l'embarras.
Un plat La *ropa vieja* (lamelles de bœuf revenues dans une sauce tomate et des aromates).
Un artiste Mario Bauzá est considéré comme le père du jazz latin et du jazz afro-cubain, fusions de différents rythmes.

49 France

➤ Pourquoi en décembre ?

Chaque année, autour du 8 décembre, la Fête des Lumières bat son plein durant plusieurs jours dans les rues de Lyon.

Lyon lumière

à Lyon | **nombre de jours** 4

Inoubliable...

- *Admirer l'opéra ou la basilique se teinter de couleurs.*
- *Trabouler dans le quartier de la Croix-Rousse.*
- *Savourer un recette traditionnelle dans un bouchon (restaurant typique de spécialités lyonnaises).*

Nulle part ailleurs en Europe, une Fête des Lumières n'est aussi populaire qu'à Lyon ! Chaque année en décembre, la ville attire de nombreux visiteurs venus de partout dans le monde pour admirer ses monuments illuminés. À la nuit tombée, des paysages nocturnes habillent les façades, l'opéra se pare de rose, le dôme de l'Hôtel-Dieu se couvre d'or et la basilique s'embrase de bleu. Le spectacle est saisissant ! Ce voyage est aussi l'occasion de découvrir les mille et une beautés de Lyon durant la journée, en parcourant à pied ses charmantes traboules, en grimpant la colline de Fourvière et en déambulant autour de la place Bellecour.

L'origine de la Fête des Lumières

L'histoire remonte à l'année 1830. Le clocher de la chapelle de Fourvière, surplombant la ville de Lyon, tombe en ruine, et l'on décide de le démolir pour mieux le reconstruire. L'inauguration est prévue pour le 8 septembre 1852, jour de la Nativité de la Vierge. Mais les inondations qui sévissent sur la ville obligent à reporter l'événement au 8 décembre. Le jour dit, le mauvais temps est encore au rendez-vous, empêchant les feux d'artifice d'avoir lieu comme prévu. Dans la soirée, les habitants décident alors, tous ensemble, d'illuminer leurs fenêtres en signe de dévotion…

Itinéraire

jour 1

➤ Quartier de la Croix-Rousse

Le quartier de la Croix-Rousse était un haut lieu de l'industrie de la soie. De nos jours, la visite de la Maison des Canuts – appellation d'époque des ouvriers tisseurs – fait vivre la grande aventure de cinq siècles de soierie lyonnaise. Le quartier se visite à pied en traboulant, c'est-à-dire en empruntant les traboules, ces passages secrets qui permettent de passer d'un immeuble à l'autre, et que les résistants français utilisaient pour communiquer entre eux, à l'abri des Allemands, durant la Seconde Guerre mondiale. Aujourd'hui encore, il ne s'agit pas seulement de les connaître, mais bien de pouvoir les reconnaître au passage. En poussant une porte, on peut se retrouver dans un couloir qui débouche tout au fond sur une autre rue…

jour 2

➤ Vieux-Lyon et Fourvière

Classé au patrimoine mondial de l'UNESCO, le Vieux-Lyon regorge de curiosités architecturales. Extrêmement bien conservé, il a su s'adapter aux différentes époques qu'il a traversées. À ne pas manquer : la primatiale Saint-Jean et son horloge astronomique, une balade à travers les étroites ruelles pavées et les traboules, le Palais Saint-Jean, sans oublier la maison de Guignol ! Le quartier de Fourvière, qui surplombe la ville, mérite également le détour. Les plus courageux grimperont la colline à pied à travers les jardins du Rosaire. Tout en haut, très beau panorama sur la ville, d'où l'on peut même apercevoir le mont Blanc par beau temps.

jour 3

➤ Presqu'île et place Bellecour

La place Bellecour, cœur caché du centre-ville, est la plus grande place piétonne d'Europe. Au cœur de l'hiver, une patinoire et la célèbre grande roue agrémentent les lieux. Les lecteurs d'Antoine de Saint-Exupéry apprécieront la statue de l'auteur, assis devant le Petit Prince. C'est ici qu'il a grandi, dans un des appartements de la haute bourgeoisie qui bordent la place. Prenez votre temps, asseyez-vous sur un banc et regardez défiler les passants, touristes ou lyonnais.

jour 4

➤ Parc de la Tête d'Or

Direction le 6e arrondissement. Un quartier aujourd'hui moderne et chic où les différents consulats sont alignés sur le boulevard des Belges. Le parc de la Tête d'Or s'ouvre sur un lac de 16 ha au milieu de pelouses romantiques. Il demeure aujourd'hui l'un des plus grands et l'un des plus beaux parcs urbains de France. Ici plus qu'ailleurs, les enfants trouvent leur bonheur, même en hiver : jardin zoologique (oui, on y croise des girafes et des éléphants !), barbe à papa, petit train, carrousel, terrain de jeux…

La France et Lyon à la carte

République de France
Capitale Paris
Langue officielle Français
Religion Catholicisme (60% de la population)

Un plat Des quenelles lyonnaises à la sauce béchamel (boulettes de céréales, farcies le plus souvent au brochet).
Un artiste Antoine de Saint-Exupéry, homme de lettres et de sciences, célèbre pour son conte *Le Petit Prince*.

50 Sénégal

La route des comptoirs coloniaux

boucle au départ de Saint-Louis

nombre de jours 7

Inoubliable...

- *Visiter la ville de Saint-Louis.*
- *Partir en croisière sur le fleuve Sénégal.*
- *Explorer le parc du Djoudj en pirogue.*
- *Rencontrer les Peuls, Maures et Toucouleurs dans les villages.*

Embarquez-vous pour une croisière de rêve à bord du *Bou el Mogdad*, ce bateau mythique qui, de 1950 à 1970, assurait le transport du courrier, des marchandises et des personnes sur le fleuve Sénégal, entre Saint-Louis, Richard Toll, Rosso, Podor, Kaedi, Matam, Bakel et Kayes. Cette magnifique croisière permet d'explorer le parc national du Djoudj, troisième réserve ornithologique au monde inscrite sur la Liste du patrimoine mondial de l'UNESCO. Au cours des nombreuses escales possibles, promenades dans de charmants petits ports de pêche et rencontres avec le peuple sénégalais constituent autant de moments marquants du voyage.

➤ Pourquoi en décembre ?

C'est la saison sèche, et la température est idéale. De plus, l'incroyable réveillon du 31 décembre organisé à l'hôtel La Résidence, à Saint-Louis, constitue un secret bien gardé.

Saint-Louis

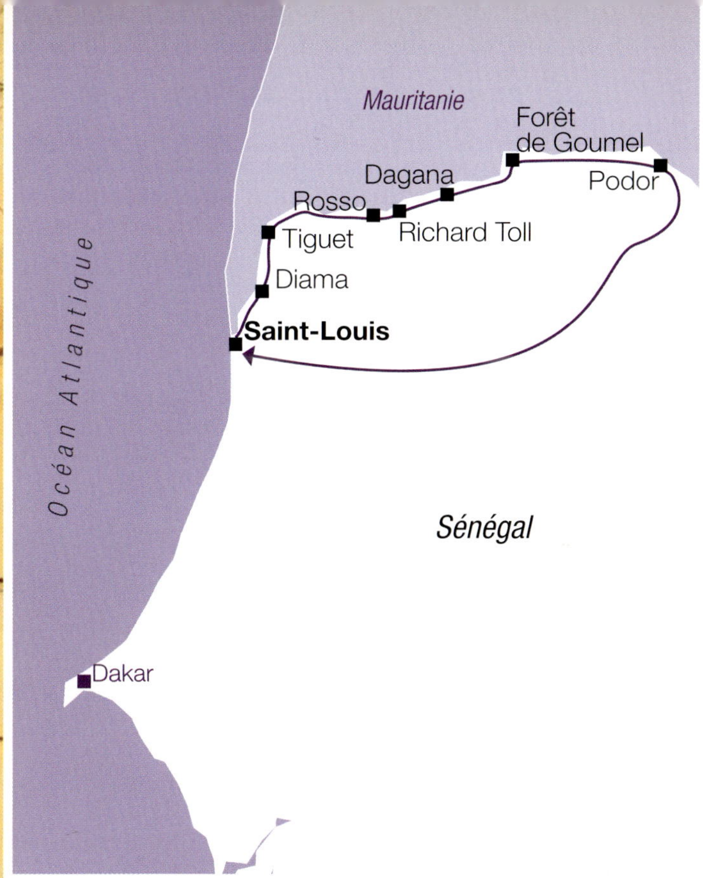

Jean Mermoz et la ville de Saint-Louis

C'est à Jean Mermoz que l'on doit la première traversée de l'Atlantique Sud par avion. Il décolla le 12 mai 1930 de Saint-Louis, au Sénégal, pour rallier Natal, au Brésil, le lendemain. Cet exploit, qui a créé une révolution dans le transport du courrier postal, marque toujours la ville africaine.

Itinéraire

jour 1

➤ Saint-Louis

Découvrez Saint-Louis : la finesse des balcons accrochés aux belles maisons coloniales, les teintes ocre jaune qu'offrent les rues selon la position du Soleil, le fameux pont Faidherbe, long de 500 m, le village des pêcheurs, le cimetière musulman dans le quartier de Guet Ndar, où les pierres tombales sont des piquets recouverts de filets de pêche, le marché de Ndar…

jour 2

➤ Diama – Tiguet (Djoudj)

Le barrage de Diama marque la limite des eaux salées et des eaux du fleuve. Embarquez-vous pour une croisière le long du fleuve Sénégal et longez la réserve du Diawling. Escale à l'embouchure du « bolong » du Gorom. Excursion en pirogue dans le parc national du Djoudj, réserve ornithologique créée en 1971, qui s'étend sur 12 000 ha dans le delta du fleuve Sénégal et où, de novembre à mars, trois millions d'oiseaux se donnent rendez-vous pour hiverner.

jour 3

➤ Rosso – Richard Toll

Tandis que le navire croise Rosso, ville frontière entre le Sénégal et la Mauritanie, observez les pirogues et le bac qui font traverser personnes, animaux et véhicules, un va-et-vient qui donne lieu à d'intenses activités, hautes en couleur et particulièrement animées. Visite de Richard Toll et de son usine de canne à sucre, dont la culture constitue la principale source de revenus de la localité.

jour 4

➤ Richard Toll – Goumel – Dagana

Toujours à Richard Toll, un château de style français surnommé « la folie du baron Roger » a été construit par l'ancien gouverneur du Sénégal, Jacques-François Roger. Navigation jusqu'à la mangueraie qui borde le village de Goumel, sur un bras du fleuve Sénégal. Escale au village wolof de Dagana, ancien comptoir de l'époque coloniale, où l'on a préservé les restes d'un fort et de quelques magasins de commerce. Ne manquez pas d'explorer son marché.

Sénégal

Qui sont les Toucouleurs ?

Les Toucouleurs sont originaires d'Égypte et vivent aujourd'hui au Sénégal, au Mali et en Mauritanie. Ils ne représentent pas une ethnie à proprement parler, mais plutôt un regroupement de personnes aux mêmes caractéristiques culturelles. Proches des Peuls dont ils parlent la langue, ils sont majoritairement musulmans et obéissent au système de castes.

Parc national du Djoudj

jour 5

➤ Forêt de Goumel – Sahel africain

Partez en randonnée dans la forêt de Goumel. En chemin, découvrez un village peul traditionnel composé de huttes oblongues construites par les femmes. Puis, faites votre entrée au cœur du Sahel africain dans le royaume toucouleur. Arrêt et visite de villages toucouleurs datant du XIIIe siècle, entièrement bâtis en terre en surplomb des rives escarpées du fleuve. Visitez également la localité de Saldé, un village maure situé sur l'autre rive du fleuve Sénégal.

jour 6

➤ Podor

Explorez l'ancien comptoir de Podor, en fonction pendant la colonisation française : les maisons de commerce qui bordent les quais avec leurs grandes cours intérieures et les entrepôts qui contenaient la gomme arabique, le bois de chauffe, l'ivoire et les esclaves.

jour 7

➤ Saint-Louis

Revenez à Saint-Louis.

Le Sénégal à la carte

République du Sénégal
Capitale Dakar
Langues Français (langue officielle), wolof et plusieurs autres dialectes
Religion Islam (95% de la population)
Étiquette Prendre le temps de saluer les gens est essentiel. Serrez la main de ceux que vous croisez et prenez toujours le temps d'échanger quelques mots.
Un plat Le traditionnel « tiéboudienne » (mélange de riz, poisson et légumes)
Un artiste Le poète Léopold Sédar Senghor, également président du Sénégal (1960-1980), a profondément marqué l'âme du pays par sa poésie symboliste au-delà des différences de culture et par l'invention du concept de « négritude ».

Crédits photographiques

Par ordre d'apparition, de gauche à droite et de bas en haut:

1-Tanzanie (grande migration): © www.dreamstime.com/Robert Hardholt, Djembe, Karin Van Ijzendoorn, Marco Beretta, Mogens Trolle ; **2-Guatemala:** © iStockphoto.com/Daniel Loncarevic, © www.dreamstime.com/Graphictools, Martin Battiti, Robert Crum ; **3-Inde (Tamil Nadu):** © www.dreamstime.com/Christian Mueringer, Vidjeakumar Arunachalam, Dmitry Rukhlenko, Odelia Cohen, Raghu Subburaman ; **4-Antarctique:** © www.dreamstime.com/Juan Jose Tugores Gaspar, Ben Goode, Steve Allen, Mogens Trolle, Mogens Trolle, Photodynamic ; **5-Bénin:** © Paul Simier ; © www.dreamstime.com/Cheng Zhong ; © iStockphoto.com/Peeter Viisimaa ; © iStockphoto.com/Peeter Viisimaa ; © Corbis/Akintunde Akinleye ; **6-Nouvelle-Zélande:** © www.dreamstime.com/Carrieanne, Nigel Spiers, Vichaya Kiatying-angsulee, Bhe017, Nikolai & Olga Vakhroushev ; **7-Myanmar:** © www.dreamstime.com/Karenwinton, Javarman, Peter Zurek, Rene Drouyer, Bluedeep, Rene Drouyer, Nanthapa, Luciano Mortula ; **8-Sultanat d'Oman:** © www.dreamstime.com/Tomi Tenetz ; © Éric Lafforgue ; © Éric Lafforgue ; © iStockphoto.com/Mlenny Photography ; © Éric Lafforgue ; © www.dreamstime.com/Sa83lim ; **9-Thaïlande:** © www.dreamstime.com/Krahang, Mr. Setthawut Chalabuttra, Thaiclass, Probird, Thaiartsomjin, Elephantopia ; **10-Madère:** © www.dreamstime.com/Bensliman Hassan ; © iStockphoto.com/Jean-Claude Gallard ; © René Van Bever ; © www.dreamstime.com/Seast, Kukuruxa ; **11-Mexique:** © www.dreamstime.com/Jesús Eloy Ramos Lara, Gordon Galbraith, Philip Shaw, Jesús Eloy Ramos Lara ; **12-Bahamas:** © www.dreamstime.com/Charlie Hutton, Conchasdiver ; **13-Costa Rica:** © www.dreamstime.com/Hotshotsworldwide, Piter99, Tony Northrup ; **14-Équateur:** © www.dreamstime.com/Jmjm, Martinmark, Christopher Howey, Justin Black, Dennis Sabo ; **15-Ouzbékistan:** © www.dreamstime.com/Eduard Kim, Auleit, Andrey Shapenko, Javarman, Oksana Tsehmister ; **16-Japon:** © www.dreamstime.com/Radu Razvan Gheorghe ; © iStockphoto.com/Robert Churchill ; © www.dreamstime.com/Mihai-bogdan Lazar, Sean Pavone, Hiroshi Ichikawa ; **17-Australie:** © www.dreamstime.com/Pniesen, Tfjunction, Harlz, Alvinb00, Hlphoto, Minyun Zhou ; **18-États-Unis (Keys):** © iStockphoto.com/Pgiam ; **19-Vanuatu:** © Éric Lafforgue ; **20-Bhoutan:** © www.dreamstime.com/Bloopiers, Attila Jandi, Bloopiers, Colette6, Avikgenxt, Richard Gunion, Dan Bannister ; **21-États-Unis (route 66):** © www.dreamstime.com/Kateleigh, Ron Chapple Studios, Photoquest, Sigen, Martinmark, Byron Moore ; **22-Islande:** © www.dreamstime.com/Sova004, Barbara Helgason, Anacoimbra, Alari Kivisaar, Tomasz Parys ; **23-Rwanda:** © Éric Lafforgue ; © www.dreamstime.com/Sam Chadwick ; **24-Madagascar:** © www.dreamstime.com/Davthy, Fabrizio Cianella, Denniskoomen, Pierre-yves Babelon, Walter Graneri ; **25-Maroc:** © www.dreamstime.com/Matej Kastelic, Jborzicchi, Goran Bogicevic, Michaela Sucha ; **26-Bolivie:** © www.dreamstime.com/Photochris ; © Ariane Arpin-Delorme ; © Richard Saindon ; © www.dreamstime.com/Uros Ravbar ; **27-Serbie et Monténégro:** © Claude-Hervé Bazin ; © www.dreamstime.com/Constantin Bogdan Carstina ; **28-Indonésie:** © www.dreamstime.com/Szefei, Shariff Che' Lah, Pindiyath100, Tommyandone ; **29-Namibie:** © iStockphoto.com/Angel Herrero de Frutos ; © www.dreamstime.com/Mogens Trolle, Galyna Andrushko, Steve Allen, Dirkr ; **30-Tanzanie (Kilimandjaro):** © www.dreamstime.com/Paul Hampton, Mogens Trolle, Dsukhov, Peter Zaharov ; **31-Ukraine et Crimée:** © www.dreamstime.com/Serg_dibrova ; **32-Chine, Mongolie, Russie:** © www.dreamstime.com/Nomad1314, Gary718, Mikhail Markovskiy, Sergei Butorin ; **33-Grèce:** © www.dreamstime.com/Iuliia Kryzhevska ; © Claude Morneau ; © www.dreamstime.com/Michael Avory, Pavlos Rekas, Dr. Le Thanh Hung ; **34-Nouvelle-Calédonie:** © www.dreamstime.com/Przemyslaw Skibinski ; © iStockphoto.com/Shaun Martin ; **35-Canada:** © Carole Gobeil ; © www.dreamstime.com/Elena Elisseeva, Viktor Gmyria ; © iStockphoto.com/Adam Korzekwa ; © www.dreamstime.com/Christopher Meder ; **36-Espagne:** © iStockphoto.com/Pablo I. Abreu Garcia ; © www.dreamstime.com/Luis Seco, Juan Ignacio Polo ; © iStockphoto.com/David Pedre, robert van beets ; **37-Turquie:** © www.dreamstime.com/Emi Cristea, Ariy Zimin, Vanessak, Fabio Federico, Tomas Sereda ; **38-États-Unis (Californie):** © www.dreamstime.com/Don Mace, Adrienbisson, Steven Conigliaro, Jimmy Lopes ; **39-Afrique du Sud:** © www.dreamstime.com/Bowie15, Jacoba Susanna Maria Swanepoel, Nico Smit, Jana Bacikova, Nolte Lourens ; **40-Jordanie:** © www.dreamstime.com/Vincent Lam ; **41-Italie:** © www.dreamstime.com/Luboslav Tiles ; © Claude Morneau ; © www.dreamstime.com/Davide Romanini, Mihai-bogdan Lazar ; **42-Corée du Sud:** © www.dreamstime.com/Anizza, Amy Harris, Gabriel Pent ; **43-Autriche:** © iStockphoto.com/Josef Muellek ; © www.dreamstime.com/Robert Paul Van Beets, Tomas Sereda, Andrei Calangiu, Stanislav Perov ; **44-Égypte:** © www.dreamstime.com/Jose I. Soto ; © Voyageurs du Monde ; **45-Inde (Rajasthan):** © www.dreamstime.com/David Evison, Simon Hack, Luciano Mortula, Pascalou95, Rene Drouyer, Beat Germann, Rene Drouyer, Steve Allen ; © iStockphoto.com/Oytun Karadayi ; **46-Burkina Faso:** © Clément Burelle ; © www.dreamstime.com/Ferdericb ; **47-Suède:** © www.dreamstime.com/Rose-Marie Henriksson, Mhjerpe ; © iStockphoto.com/Mikael Damkier, Roger Andersson ; © www.dreamstime.com/Ying Feng Johansson ; **48-Cuba:** © Stuart Allen ; © www.dreamstime.com/Alexander Yakovlev ; **49-France:** © www.dreamstime.com/Jakezc ; **50-Sénégal:** © Paul Simier.

Pages 4-5 : © www.dreamstime.com/Josephkim ; page 6 : © www.dreamstime.com/Daniel Boiteau ; pages 206-207 : © www.dreamstime.com/Rechitan Sorin ; page 208 : © www.dreamstime.com/Tomi Tenetz

Index

Essaouira, Maroc

Pétra, Jordanie